수업의 주인은 누구?
아이들과 함께 만들어가는

허쌤의 참여수업 2

허승환 **지음** 허예은 그림

수업의 주인은 누구?
아이들과 함께 만들어가는
허쌤의 참여수업 2

초판 1쇄 발행일 2019년 2월 25일

지 은 이   허승환
그 린 이   허예은
만 든 이   임원미
펴 낸 곳   꿀잼교육북스
주   소   경기도 하남시 미사강변중앙로 226
이 메 일   rimalice@naver.com
팩   스   0504-075-3872
등록번호   제 2018-000016호
ISBN   979-11-965117-2-2 (03370)

· 책값은 표지 뒷면에 있습니다.
· 이 책은 꿀잼교육북스의 허락 없이 본문의 일부 또는 전부를 무단으로 복제하거나 다른 매체에 기록할 수 없습니다.
· 파본이나 잘못 인쇄된 책은 구입하신 서점에서 교환해 드립니다.

> 이 도서의 국립중앙도서관과 출판예정도서목록(CIP)은 서지정보유통지원시스템 홈페이지(http://seoji.nl.go.kr)와 국가자료공동목록시스템(http://www.nl.go.kr/kolisnet)에서 이용하실 수 있습니다.(CIP제어번호: CIP2019004553)

"학생의 기억에 가장 오래 남는 수업은

공책에 필기한 내용이 아니고,

교과서에 인쇄한 궁색한 문장도 아니다.

그것은 수업 내내 교사의 눈빛에서

뿜어져 나오는 메시지다.

그것이야말로 평생 잊히지 않는 교훈이 될 것이다."

- 조너선 코졸 -

차례

프롤로그   8

PART 2   배움이 깊어지는 참여수업의 실제

24	오레오 과자로 맛있는 주장하기	14
25	다섯 손가락 이야기 작가 되기	23
26	쉽게 이야기 작가에 도전하는 4가지 방법	35
27	스토리텔링으로 재미있는 수업하기	47
28	비유적 표현 살려 유쾌한 시쓰기	62
29	베스트4를 뽑을 땐 '문어발책' 만들기	72
30	과자를 활용한 맛있는 공부 시간	77
31	놀이 현수막으로 쉽게 수업놀이 시작하기	97
32	삼각형 직소퍼즐로 복습하기	103
33	학습상자로 혼자 복습하기	110
34	클래스카드 퀴즈 배틀로 즐겁게 복습하기	128
35	카훗(Kahoot)으로 재미있게 복습하기	136
36	아이들 솔직한 마음 멘티미터로 들여다보기	144

37	스마트폰 없이 퀴즈를 푸는 플리커스	152
38	패들렛으로 로그인 없이 웹담벼락에 글쓰기	163
39	HP리빌로 증강현실 보물찾기	170
40	카드뉴스 만들며 정보의 생산자 되기	180
41	'포켓몬 고' 게임처럼 공 던져 문제 모으기	192
42	일 년 '요리로 즐거운 교실' 프로젝트	199

PART 3 참여수업과 삶을 연결하기

43	씽킹맵으로 생각하는 기술 키우기	220
44	모두의 생각을 담는 파상형 칠판 발표하기	233
45	교사가 교사에게 제안하는 두 가지 성장의 길	239
46	6X6 포스트잇 주사위 게임으로 이야기 나누기	244
47	포켓몬볼 가치수직선 활동으로 돌아보기	249
48	학습보드판으로 메타인지 키우기	257
49	전 세계의 교사들 수업 엿보기	269
50	좋은 교사로 끊임없이 성장하려면?	284

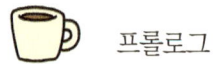 프롤로그

'허쌤의 참여수업2' 책을 내며…

'좋은 수업'이란 무엇일까요? 아이들과 함께 하는 일 년 동안 저희는 정말 많은 수업을 매일 허겁지겁하게 됩니다. 중등 교사들과 달리 해마다 같은 수업을 반복하는 것이 아니라 더욱 어려운 게 수업입니다. 4학년을 하고 싶은데 갑자기 1학년 아이들을 만나기도 하고, 1학년 아이들을 가르치다 갑자기 그 다음 해에 6학년 아이들을 가르치게 될 수도 있습니다. 아이들과 수업을 하는 순간 순간, 스스로에게 묻습니다.

'오늘 하고 있는 이 수업이 아이들에게 어떤 영향을 줄까?',
'아이들은 이 수업을 통해서 무엇을 배우게 될까?',
'교사로서 나는 아이들이 이 수업을 통해 무엇을 얻길 바라는가?'

2015년 개정 교육과정 총론에서는 교육과정의 성격을 다음과 같이 다섯 가지로 구분하여 학교교육의 질적 수준을 개선하기 위한 방향을 제시하였습니다.

가. 국가 수준의 공통성과 지역, 학교, 개인 수준의 다양성을 동시에 추구하는 교육과정이다.
나. 학습자의 자율성과 창의성을 신장하기 위한 학생 중심의 교육과정이다.
다. 학교와 교육청, 지역사회, 교원·학생·학부모가 함께 실현해가는 교육과정이다.
라. 학교 교육체제를 교육과정 중심으로 구현하기 위한 교육과정이다.
마. 학교교육의 질적 수준을 관리하고 개선하기 위한 교육과정이다.

2015 개정 교육과정은 국가 수준의 공통성을 추구함과 동시에 학교 수준의 다양성을 확대하기 위해 자율성을 부여하고 있습니다. 특히 '수업 만들기' 단원을 신설하여 교사 자신이 무엇인가를 해야 한다는 생각을 하게 함으로써 더 이상 교과서 진도대로만 수업을 할 수는 없다는 생각이 퍼져가기 시작했습니다. 이제 교사들은 '무엇을 가르치고 배울 것인가?', '어떻게 가르치고 배워야 할 것인가?', '왜 가르쳐야 하고 배워야 하는가?'를 고민할 시기입니다.

그런 고민의 과정 중에서 '수업'을 좀 더 잘하고 싶어서 택했던 첫 번째 실험은 학교의 선생님들이 모두 꺼리는 6학년을 계속 지원하는 것이었습니다. 그리고 매일 수업 일기를 쓰기 시작했습니다. 매일 수업을 계획하고, 실패하고 폭망한 과정을 글로 적었습니다. 실패한 논문은 없다지만, 교실에서 저희는 매일 수업에 실패하고 폭망합니다. 매일 그런 과정을 학급 밴드에 올려 학부모님이 모두 볼 수 있도록 했습니다.

2018년 10월, 명준이 어머님이 학부모 상담을 하러 와서 제게 이렇게 말씀하셨습니다.

"그동안 아이를 입학시키고, 학교에서 아이가 어떻게 살아가는지 전혀 알 수 없었어요. 아이는 무뚝뚝한 편이고, 묻지 않으면 학교 이야기를 하지 않았거든요. 요즘 매일 일과가 선생님 일기를 읽고, 아이와 대화를 나누는 거예요. 선생님 노력해주신 덕분에 매일 아이와 좀 더 풍성한 이야기를 나눌 수 있어서 진심으로 감사드립니다."

교사의 수업이 교실을 넘어 가정에서 나누어진다고 생각했을 때, 저는 수업을 통해 뿌듯함과 큰 행복감을 느낄 수 있었습니다.

두 번째 실험은 6학년 선생님 밴드를 만들어 '서로의 수업을 공유하기'였습니다. 학교가 작아지면서 동학년이 없는 작은 교실이 점점 많아지고 있습니다. 그런 교실 속 선생님들이 면대면으로 하기 어려운 수업 이야기들을 나누도록 하자! 그리고 서투른 날갯짓은 조금씩 파장을 일으켜 5300명의 6학년 선생님들이 교실 속 고민과 수업에 대한 이야기를 공론화하는 공간이 되었습니다.

같은 학년을 계속 반복하면서 수업을 준비하는 힘도 조금씩 자라났습니다. 수업을 실패하고 나면, 학급일지에 간단히 수업의 실패 과정을 메모하고 그런 부분을 담은 PPT를 만들었습니다. 그리고 저만의 수업 폴더에 담아 두었습니다. 일

년 뒤 다시 수업을 고민할 때가 오면 지난 수업 일기를 읽어보고, 수업 실패를 통해 만들어둔 PPT를 보며 수업 내용의 설계를 좀 더 촘촘히 디자인할 수 있었습니다. 여전히 저 자신의 한계와 동학년 단위의 함께 짜는 교육과정 재구성 부분에서 취약점이 있지만, 이렇게 '스스로', '성장'을 느끼고 있다는 사실만으로도 저는 한 해 한 해 미래의 제가 기대됩니다.

"학생의 기억에 가장 오래 남는 수업은 공책에 필기한 내용이 아니고, 교과서에 인쇄한 궁색한 문장도 아니다. 그것은 수업 내내 교사의 눈빛에서 뿜어져 나오는 메시지다. 그것이야말로 평생 잊히지 않는 교훈이 될 것이다." -조너선 코졸-

학생들은 교사가 그들의 삶에 주목할 만한 영향력을 가질 때에만 배웁니다. 교직에서 남은 시간이 그리 많지 않지만, 여전히 가르치는 일은 만족스럽지 않습니다. 하지만 만족스럽지 않다는 것을 느끼기 때문에 저는 계속 '성장'하고 있다는 생각을 거꾸로 하고 있습니다. 아울러 제가 아이들을 가르치지만, 제가 성장할 수 있었던 모든 것은 아이들 덕분이라는 생각을 하며 살게 되었습니다.

교사는 평생 배우는 삶을 살아야 학생들에게 배우는 삶을 보여줄 수 있습니다. 저 스스로 수업에 부족함을 느끼지만 부족한 그대로 두 번째 책을 마무리 짓습니다. 부족함을 채우기 위해 노력하는 삶 속에 행복이 있다고 믿기 때문입니다. 아이들의 참여로 더욱 재미있는 수업을 꿈꾸는 교실에 작은 도움이 되길 바라며!

허승환

"대단하다! 우리가 해냈어!"

크든 작든, 참여자들이 뭐가 해내고 만들고

발견했다는 감탄이 있는 교육을 만드는 것은

참여자에게 정당한 위치를

돌려주는 것이기도 합니다.

- 인권교육 새로고침 -

PART 2

배움이 깊어지는 참여수업의 실제

24
오레오 과자로 맛있는 주장하기

"아이들이 좀 더 설득력있게 주장하는 글을 쓰도록 도우려는 두 가지 전략은 6단 논법과 또 하나, 오레오 과자 글쓰기 방법입니다. 오레오 과자를 준비해 아이들과 함께 관찰하고 맛있게 먹으며 즐겁게 주장하는 글쓰기 공부까지!"

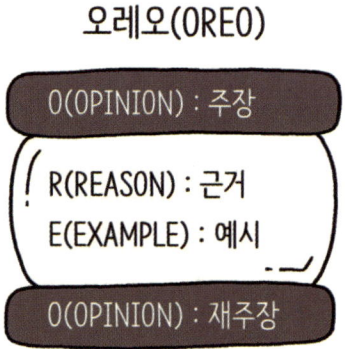

1. 주장하는 글쓰기 글감은 아이들 삶에 맞닿아야 한다.

주장하는 글쓰기는 아이들의 삶에 맞닿아야 합니다. '주장하는 글'은 나와 생각이 다른 사람을 설득해서 내가 내세우는 주장에 따라오게 하는 글입니다. 그런데 교실에서 자주 선생님들이 쓰게 한 주제들은 대부분 아이들의 경험과 거리가 있는 '민족 공동체', '자연 보호', '금연' 같은 것들이었습니다. 김익승 선생님은 아이들이 날마다 살아가면서 겪는 일 가운데에서 '너무나 불편한 일', '뜯어 고치고 싶은 일', 'OOO에게 꼭 하고 싶은 말'을 글감으로 정해서 쓰게 하면 좋다고 권하셨습니다.

온라인 커뮤니티와 SNS에 경비원 인원 감축을 반대하는 초등학생 6학년 학생의 대자보 사진을 보도해 많은 누리꾼들의 마음을 훈훈하게 한 바 있습니다. 경비원의 근무 환경과 근절되지 않는 갑질 횡포 등이 사회적 문제로 떠오르면서 이어진 양이 붙인 대자보는 많은 이들에게 잔잔한 울림을 줬습니다. 덕분에 아파트 내부에서 경비원 감축을 반대하는 여론에 힘이 실렸고 결국 입주민들 70%가 반대하면서 경비원 구조 조정은 부결됐습니다.

이어진 양의 글을 제시하며 글 속에서 주장('경비원 인원 감축 반대')과 근거(정이 많이든 경비원 아저씨들이 억울할 것이다.)를 찾아보도록 했습니다. 그런 후에는 주장하는 글쓰기에 앞서 글감을 찾는 시간을 가졌습니다. 아이들이 정한 주제들을 모두 함께 보며, 내 문제인지, 우리 가족 문제인지, 사회 문제인지, 지구 전체 문제인지 따져볼 필요가 있습니다. 그리고 그 중에서도 '내가 직접 해결할 수 있는 문제'를 주장하는 글감으로 고르도록 했습니다. 실제로 아이들에게는 어느 6학년 여자 아이가 쓴 글을 예시로 읽어 줍니다.

【주장하는 글 예시 자료】

소변기 뚜껑 올리고 오줌 눕시다.

우리 옛말에 변소 들어갈 때 마음 다르고 나올 때 마음 다르다는 말이 있다. 이 말이 어울리는 예는 아닌지 모르겠는데 나는 우리 집 남자들에게 화장실 이야기 좀 하겠다. 요즘은 화장실이 수세식이고 깨끗해서 거실에 붙어 있다. 그래서 밤에도, 비 올 때도 화장실 가는 것이 참 편하다. 옛날에는 밤에 화장실에 가는 것이 귀찮고 무서워서 밤똥을 닭에게 파는 놀이도 있었다고 한다. 이렇게 편리한 수세식 화장실이 참 찝찝할 때가 있다.

바로 내가, 아니 여자들은 모두 그럴 것인데, 오줌 눌 때이다. 남자들이 그냥 서서 오줌을 누니까, 양변기의 조그만 뚜껑을 위로 올리고 누면 될 텐데 그냥 뻣뻣하게 서서 누니까 옆으로 튀겨서 그 다음에 들어가는 여자는 그 위에 앉아야 되는데 축축하고, 또 그게 바로 남의 오줌이니까 얼마나 더럽겠노.

그 다음에 꼭 여자가 들어가지 않더라도 다시 아까 그 사람이 들어가서 똥을 누려면 자기도 앉아야 되는데 그 생각은 왜 못할까?

전에 엄마가 백화점에 가서 천으로 된 끼우개를 사 와서 끼운 적이 있다. 처음에는 예쁘고 앉으면 푹신해서 좋았는데 우린 빼 버렸다. 처음 한두 번은 좋았는데, 그 위로 오줌이 튀겨 가니까 축축하게 젖어서 없는 것이 좋겠다는 결론이 나와서다. 화장실 청소를 해도 냄새가 나는 것은 이렇게 묻지 않아야 할 곳에 오줌이 묻어 있으니까 그럴 거다.

바로 1초만 허리를 굽히고 그걸 위로 올린 뒤에 오줌을 누든지, 똥을 누고 나올 때 그 뚜껑을 올려놓고 나오면 오줌이 묻지 않을 것이다. 내 생각에는 늘 뚜껑을 열어 놓는 것보다는 평소에 닫아 놓았다가 오줌을 눌 때 위로 모두 올리고 누고, 그 뒤에는 닫는 것이 보기에 좋겠다.

　가족끼리 사는 데서도 안 고쳐지면 여러 사람이 쓰는 데 가서 더럽다고 욕을 할 수 있겠나. 제발 이 버릇을 고쳤으면 좋겠다. 오줌이 급한데도 휴지를 뜯어서 닦고 그러고 나서 앉아서 오줌을 누려면 얼마나 짜증이 나는지 모른다. 좀 부끄럽지만 전에 한 번은 오줌을 닦고 앉을라고 하다가 팬티에 오줌을 싸 버린 일도 있다. (6학년 여)

2. '오레오' 주장하는 글쓰기

　외국에서 많이 알려진 오레오 '주장하는 글쓰기' 방법입니다. 다양한 관점이나 주장하는 글이 나올 때에 오레오 과자를 준비해 함께 진행하면 좋습니다.

　OREO 의 영단어를 키워드로 Opinion(주장) - Reason(근거) - Example(예시) - Opinion(재 주장)하는 형태로 글쓰기를 하면 됩니다.

윗쪽 쿠키 :

설득하고 싶은 의견, 주장

가운데 크림 :

달콤한 부분, 윗쪽 쿠키를 지지할 수 있는 근거와 예시를 적는다.

아랫쪽 쿠키 :

주장을 다시 한 번 떠올리도록 재 진술한다.

오레오의 부분을 찾아보세요

OREO

O 빼빼로 데이에 빼빼로 주는 것을 반대한다.

R 왜냐하면 빼빼로를 받지 못하는 아이들은 소외감을 느낄 수 있기 때문이다.

E 지난 빼빼로 데이에 빼빼로를 받지 못한 아이들은 우리 반에만 절반이 넘는다. 나도 빼빼로를 받지 못한 아이들 중의 한명이었는데, 왜 이런 빼빼로 회사 상술에 내가 서운한 감정을 느껴야 하는지 억울했다.

O 따라서 빼빼로 데이에 학교에서 빼빼로를 주고 받는 것을 반대한다. 주려면 하교 후에 서로 아는 친구들끼리 주면 좋겠다.

오레오 쿠키 모양으로 볼까요?

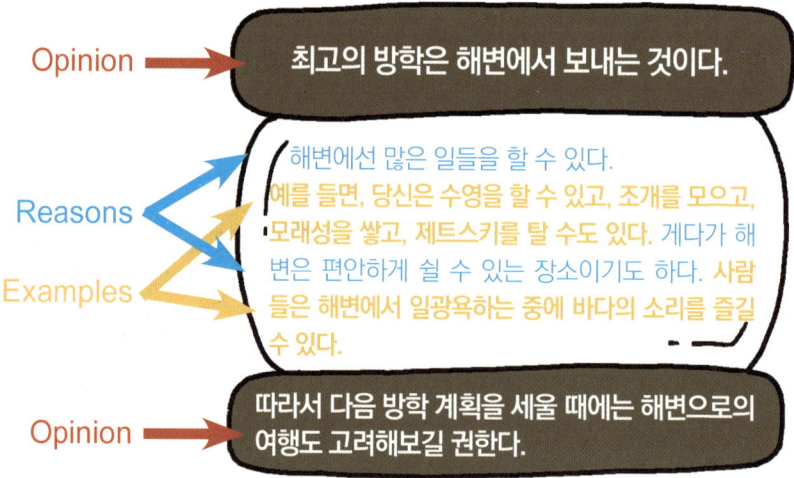

특히 예시는 근거를 뒷받침하는 자료로

　① 전문가의 견해

　② 숫자와 통계

　③ 자신의 경험, 관찰

　④ 인용

　⑤ 증거

　⑥ 사례 등을 활용하도록 안내합니다.

근거를 뒷받침하는 자료를 찾으려면 '근거를 보충할만한 사실적인 자료'를 인터넷이나 신문 등에서 찾아봐야 합니다. 교실에서도 휴대전화로 검색할 수 있도록 합니다. 생활에서 해결해야할 문제와 해결 방법에 대하여 자신의 경험을 예로 들어 설명해도 좋습니다. 이때 정확한 수치를 통해서 비교할 때에는 도표나 통계 자료를 찾아서 제시하는 것이 좋습니다.

아이들이 주장하는 글의 글감을 정했다면, 오레오 쿠키 모양의 학습지에 직접 적어 보게 합니다!

주장하는 글쓰기: OREO

허승환: _____

Opinion(주장):

Reason(근거) #1:

Example(예시):

Reason(근거) #2:

Example(예시):

Reason #3:

Example(예시):

Opinion(주장):

3. '햄버거'로 주장하는 글쓰기

비슷한 방법으로 '햄버거 글쓰기'도 아이들이 좋아합니다. 위에는 '주장'을 사이 야채, 고기 등의 재료에는 '근거'를 제시합니다. 아래 빵에는 '요약해 다시 주장'하며 글을 마치면 됩니다.

이름 : _____
날짜 : _____

[햄버거 글쓰기]

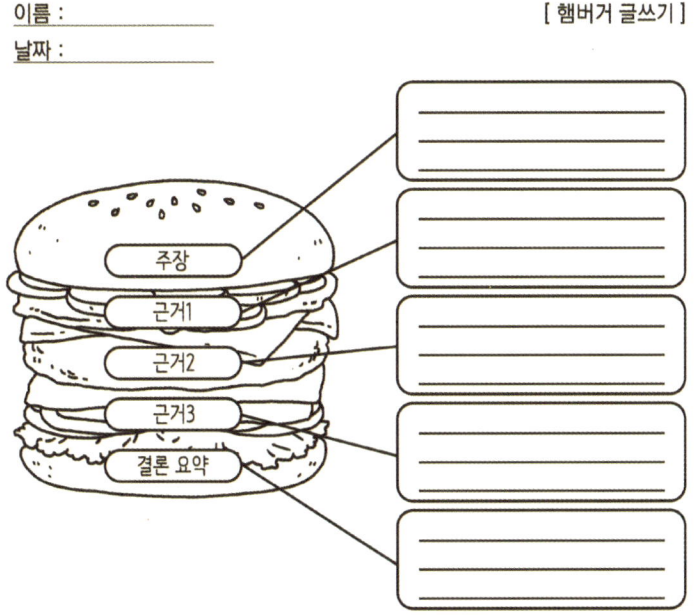

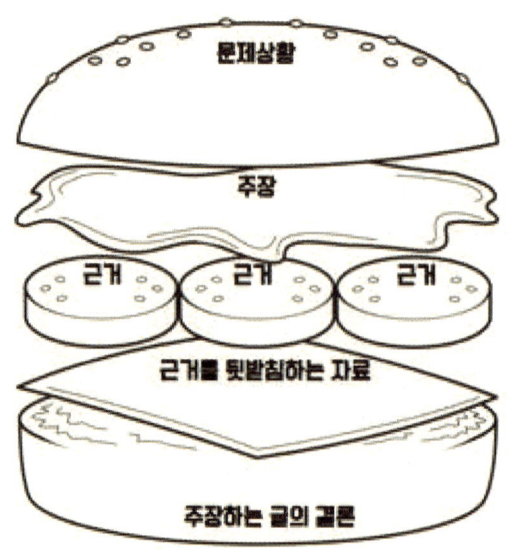

아이들이 좋아하는 햄버거를 만들어 먹으며 공부한다면, 아이들의 일생에 기억남을 시간이 되지 않을까요?

다섯 손가락 이야기 작가 되기

이런저런 방법으로 이야기 쓰기 지도를 하다가 문득 '외국의 선생님들은 이야기 쓰기를 어떻게 지도하실까?' 궁금해져서 며칠 동안 검색해 본 적이 있습니다. 그 중에 가장 손쉽고도 아이들 지도하기 좋겠다 싶어 마음을 사로잡았던 방법은 바로 '다섯 손가락 글쓰기'입니다.

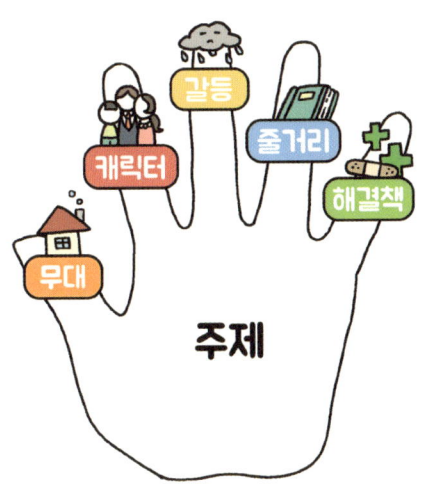

1. 다섯 손가락 글쓰기 순서

8절 색지를 나누어주고, 손바닥을 대어 손가락 모양을 그립니다.

(1) 엄지: 무대 정하기

엄지는 '무대'(Setting)를 표현합니다. 일단 '시간적 배경'(때)과 '공간적 배경'(장소)을 정하면 이야기는 좀 더 구체적으로 정할 수 있습니다.

(2) 검지: 주인공 정하기

검지는 이야기 속에 나오는 '주인공(Characters)'을 정하면 됩니다. 이때 주인공의 나이와 직업, 그리고 성격까지 간단하게 적어두어야 이야기의 중간에 주인공의 성격이 바뀌는 실수가 벌어지지 않습니다.

(3) 중지: 갈등

영화나 텔레비전의 드라마를 볼 때에 우리의 예상대로 전개가 되면 재미가 없습니다. 무언가 예상하지 못한 줄거리로 흘러갈 때에 우리의 호기심은 움직이기 시작합니다. 갈등은 결과에 의심을 추가하여 이야기에 긴장과 관심을 만듭니다. '도깨비 감투'를 구해 투명 인간이 되었다고만 한다면, 이야기는 재미없지만 어느날 노인이 담배를 피우다가 불똥이 튀어 도깨비 감투에 구멍이 나 버렸다고 하면 이야기는 재미있게 흘러갑니다.

(4) 약지: 줄거리

〈줄거리〉는 처음 - 가운데 - 끝으로 나누어 대강의 줄거리를 쓰도록 했습니다. 이렇게 전체적인 이야기의 숲을 그려놓아야 글을 쓰다 길을 잃지 않습니다.

(5) 새끼손가락: 해결책

새끼손가락은 갈등의 '해결책(Solution)'을 제시해야 합니다. 아이들에게 글을 쓰라고 하면 꽤 많은 경우, 주인공들을 모두 죽여 버리는 만행(?)을 저지르며 이야기를 끝내고 혼자 재미있다고 낄낄댑니다. 이야기는 혼자 읽는 게 아니라 대중의 평가를 받아들여야 합니다. 아이들의 글 역시 황당한 결말이 아니라 가져왔던 갈등을 세련되게 해결할 수 있어야 합니다.

글을 쓰는 과정 중에 생각은 계속 바뀌게 됩니다. 계획과 실제로 글을 쓸 때 달라져도 좋다고 생각하고, 먼저 간단한 학습지로 계획을 세우게 했습니다.

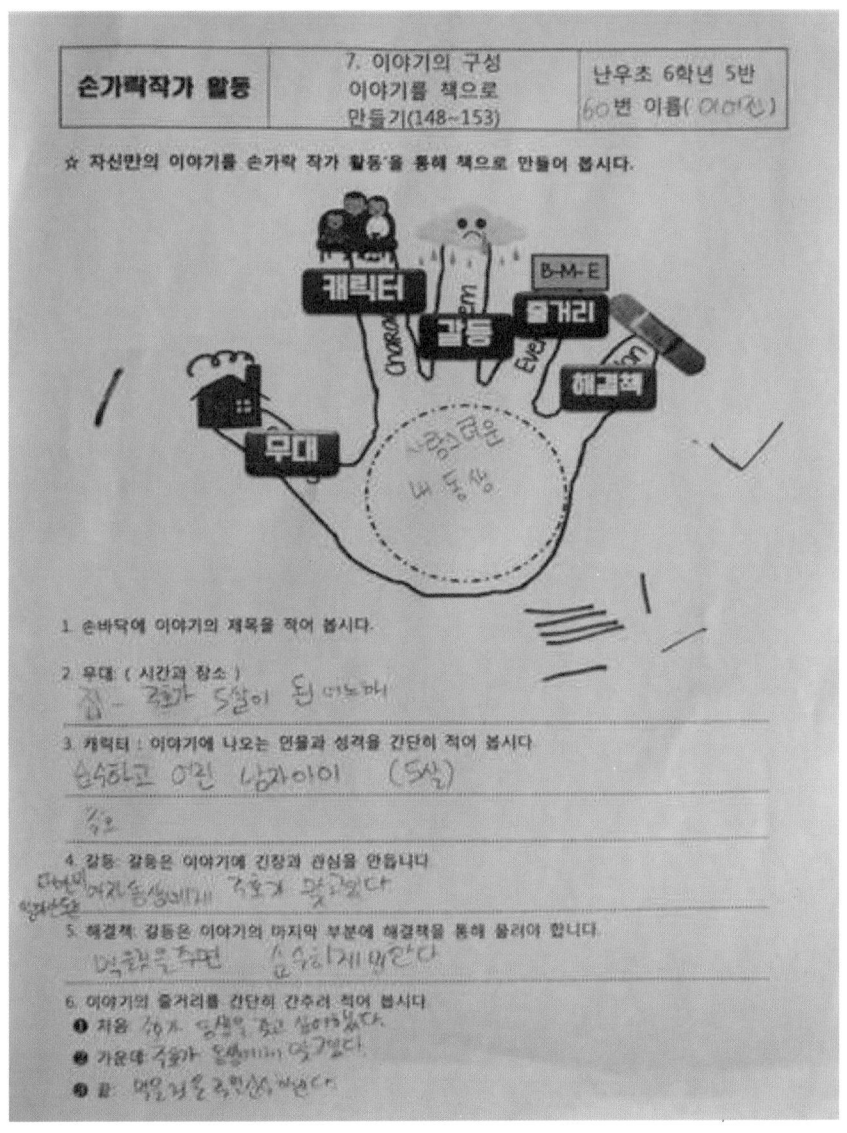

그런 후에는 8절 색지에 자신의 손바닥을 대고 네임펜으로 그려 다섯 손가락 이야기 작가 활동을 시작합니다.

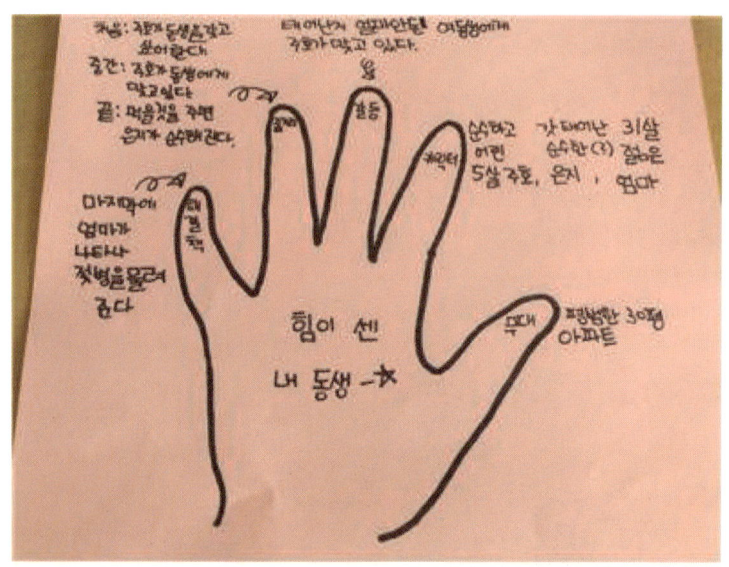

이야기 쓰기를 할 때에는 선생님도 함께 창작해보는 노력이 중요합니다.

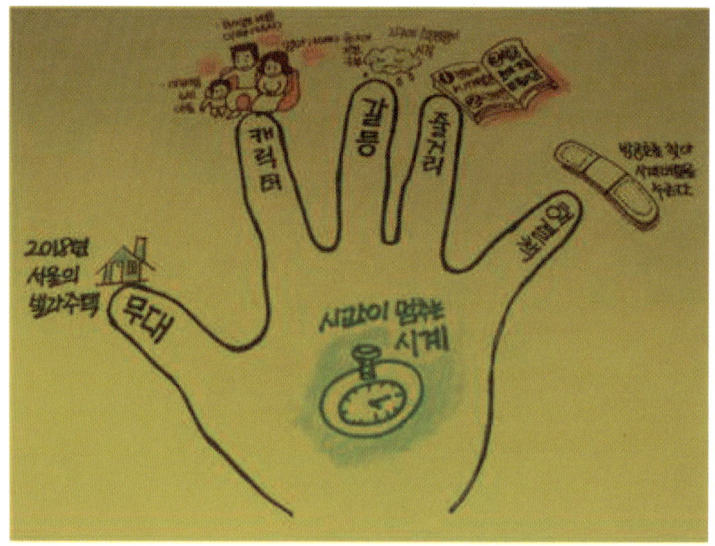

저도 아이들이 쓰고 있는 동안에 '시간이 멈추는 시계'란 제목으로 짧은 글을 작성했습니다.

'다섯 손가락 글쓰기' 활동과 함께 선택해 지도할 만한 활동은 '이야기 지도'(STORY MAP) 그리기입니다. 제목 - 캐릭터 - 무대 - 갈등 - 해결책의 5단계를 포스트잇에 작성해 붙이도록 합니다.

2. 미니북 만들기로 작성하기

'다섯 손가락 글쓰기' 활동을 마친 후에는 실제로 이야기 쓰기에 도전합니다. 아이들이 충분한 양을 쓰기에는 8절 색지보다 4절 색지가 적당합니다. 가운데를 접고 두 번 더 접은 후에 그림처럼 가운데 부분을 자른 후 접으면, 8쪽짜리 미니북을 만들 수 있습니다.

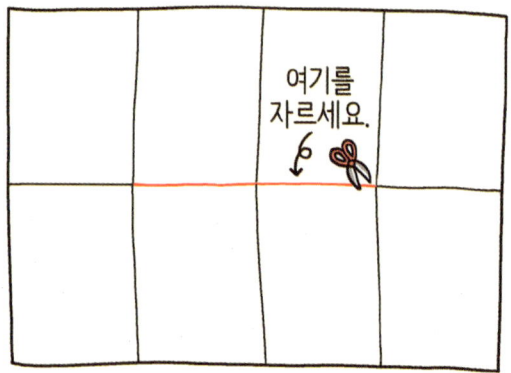

미니북을 작성할 때에는

(1) 표지에는 글과 그림, 작가 이름을 담는다.

(2) 2쪽부터 쪽수를 표시한다.

(3) 글의 양이 많다면 글만 써도 되지만, 여유가 있다면 그림도 함께 그린다.

(4) 마지막 쪽에는 바코드, 가격, 출판사 이름도 제법 그럴듯하게 지어서 조금은 실제 판매되는 느낌의 책으로 만든다.

(5) 작품이 완성된 후에는 개인별로 스티커를 10개씩 나누어 주고, 최대 3개까지 친구들의 작품에 붙여 작품을 평가할 시간을 가진다.

반 아이들 중에 '세정이'가 스스로 완성한 글입니다. 아이들은 이미 충분히 글을 쓸 준비가 되어 있습니다.

내 친구 코니엘

제 1장. 안녕 코니엘!

권세정 지음

"으음…."

햇살이 나를 따스하게 비추는 여름의 아침, 오늘은 나의 13번째 생일날이다.

"… 오늘이 며칠..이지? 7월…" 달력을 보니, 오늘은 7월 21일이었다. 바로 나, 내가 태어난 지 13년이 되는 날!

"야호-! 생일이다!"

나는 내 눈꼽을 신경 쓰지도 않고 문밖으로 뛰쳐나가 아침을 준비하는 엄마에게로 달려갔다.

"엄마, 엄마! 오늘이 무슨 날인지 알아요?"

나는 엄마 앞에서 두 주먹을 꽉 쥔 채로 기대하며 말했다.

"당연히 우리 딸 생일이지. 엄마가 모를 줄 알고?"

"역시 우리 엄마! 그런데요. 엄마…음 .. 엄마 그래서요 .. 그… 생일 선물.."

나는 어릴 적부터 가지고 싶었던 코니 인형을 선물 받고 싶다고 말했다.

"저.. 코니 인형 사주시면 안 돼요?"

엄마의 표정은 당황한 듯 보였다.

"하지만 넌 벌써 13살인걸? 내년이면 중학생이잖아, 다 큰 애가 인형 놀이는 무슨!"

역시 이럴 줄 알았다, 각오한 대답일수록 받아들여야지. 안 그러면 엄마에게 생일날에 잔뜩 혼날지도 모르니깐.

"… 알겠어요, 그러면 생일 선물은요?"

"방에 들어가 보렴"

"정말요?"

그래도 생일 선물을 준비하셨다니, 나는 그나마 들뜬 마음으로 방문을 열고 빨강 리본으로 예쁘게 포장된 상자를 열어보았다. 하지만 그곳에는 실과 천, 바늘, 털실뿐이었다.

"… 내가 이럴 줄 알았어.."

나는 기분이 상해 생일 선물을 만지지도 않고 멀리서 앉아 빤히 바라만 봤다.

"흥…어른들이란.. 우리의 세계를 모른다고! 그 인형이 얼마나 예쁜데."

날 이해해주지 않는 엄마가 밉기도 하고, 초라한 생일 선물이 밉기도 했다.

그대로, 그냥 코니 인형만 머릿속에 그리고 있었다.

"아? 그래! 내가 코니 인형을 만드는 건 어떨까?"

그렇다, 내가 내 스스로 코니 인형을 만듦으로써, 엄마가 내가 얼마나 코니 인형을 가지고 싶은지 알게 되면, 혹여나 코니 인형을 사주지 않으실까?

"자.. 그럼 시작해볼까?"

"알록달록한 천으로는 너의 옷을 만들어주고 실과 바늘로 움직일 수 있는 팔과 다리를 연결해 줄게! 마지막으로 털실로 머리카락을 만들어 주면…!"

"완성이다! 너의 이름은, 코니엘로 정해줄게!"

안녕, 코니엘!

제 2장. 생일파티

"엄마, 엄마! 제가 만든 인형, 이름하여 코니엘이에요!"

"어머, 이거 정말 네가 만든 거니? 너무 예쁘구나!"

"히히, 그렇죠?"

띠리리링...띠리리링..

엄마의 칭찬을 받으니, 어깨가 으쓱해진 나는 코니엘을 꼬옥 안고는 전화를 받았다.

전화를 건 사람은 내 생일파티에 초대된 줄리아와 론다였다.

"응, 줄리아, 론다, 둘이 같이 있는거야?"

"응응, 지금 너희 집으로 가는 중이니깐, 조금만 기다려."

"알겠어 - 천천히 와."

내 단짝 친구들, 줄리아와 론다. 우리 셋은 피를 나누진 않았지만 가족이다. 그만큼 친하다는 거지, 마음에 걸리는 건, 나만 코니 인형이 없다는거?

"뭐 어때, 난 코니엘이 있는 걸?"

(똑똑똑)

"아, 줄리아, 론다! 왔구나?"

"응, 생일 축하해!"

"하하, 고마워, 어서 우리 집으로 들어와"

줄리아와 론다는 코니 인형을 들곤 당당하게 내 방에 들어와서, 인형 놀이를 시작하기 전에 나에게 생일 선물을 주었다. 줄리아는 예쁜 머리핀, 론다는 귀여운 캐릭터 수첩을 주었다.

"그럼 이제 인형 놀이를 시작하자! 나는 코니 인형 대신에, 내가 만든 코니엘로 인형 놀이를 할게!"

내가 코니엘을 소개하자, 줄리아는 조금 어이없는 표정으로 나를 바라봤다.

"뭐? 코니엘? 그게 뭐야? 눈이 왜 단추로 되어 있어? 코니 인형처럼 바다 같은 푸른 눈이 아니잖아!"

"응?"

나는 아무 말도 못했다, 아니 할 수 있었음에도 불구하고 말을 하지 않았다.

'맞아, 코니엘은 줄리아와 론다의 코니 인형보다 못생겼거든. 나도 그걸 알기에 말을 하지 않은걸까?'

"어이, 줄리아, 왜 그래, 정말 막말은 여전하다니깐, 내가 코니 인형 2개니깐, 코니엘은 자고 있으라고 하자."

론다는 다른 코니 인형을 나에게 빌려주었다, 코니 인형은 예뻤지만, 가슴 한 구석이 뭉클해졌다.

그리고 생일파티는 끝났다.

"그럼 우린 이만 갈께 - 생일 축하하고"

"응응 - 고마워, 조심히 들어가!"

쾅 -

"…"

어째서 나는 생일파티 내내 웃고 있었던 걸까? 분명히 기분이 나빴는데, 실실 웃으며 생일을 보냈어. 원망은 코니엘에게 가기 시작하네.

"… 코니엘 다 너 때문이야!"

나는 코니엘에게 버럭 소리를 질렀다, 하지만 코니엘은 표정 하나 변하지 않고 웃고만 있었다.

"왜 웃는거야?! 너랑 나랑 이제 절교야!"

나는 코니엘을, 서랍 한 구석에 밀어 넣어 버렸다.

제 3장. 화해

실제로는 고작 서너 시간이 흘렀지만, 마치 300년, 400년이 지나는 것만 같았다.

"코니엘, 서랍 속이 춥지는 않을까?"

코니엘이 없자, 무언가 가슴 한 구석이 텅 빈 느낌이다.

"으, 그때 막 밀어 넣지 말았어야 되는건데…."

괜히 더더욱 짜증이 나자 그냥 베개에 얼굴을 파묻어 버렸다.

"….."

그때 옆 방에서 들리는 동생의 소리, 나는 그 소리가 걸리적거리자 더 신경질적으로 변해버려선 짜증을 냈다.

"야!!! 조용히 안 해?"

쾅 하고 동생의 방 문을 열자, 동생도 나처럼 직접 자신이 만든 인형과 함께 놀고 있었다.

"언니? 알겠어.. 조용히 할게…"

"어, 너…"

"아, 이 친구는 레아야. 내 친구!"

이게 무슨 일이람? 동생도 나와 같이 코니 인형을 만든 것이다.

"그래도, 레아는 진짜 코니 인형이 아니잖아, 눈도 바다같지 않고."

"응? 뭐 어때! 내가 제일로 좋아하는 레아인걸?"

'아!!' 그때 깨달았다, 남들이 뭐래도 내가 가장 좋아하는 것이란걸!

나는 재빨리 서랍을 열었다, 코니엘은 똑같이 웃고 있었다.

"코니엘…. 내가 미안해…"

코니엘은 꼭 나에게 "괜찮아, 괜찮아" 해주는 것만 같았다.

"언니, 어서 놀자."

"알겠어 - !"

"그럼, 인형 놀이를 시작하자!"

쉽게 이야기 작가에 도전하는 4가지 방법

여유로운 시간이 생기면, 성인들도 영화나 TV 드라마를 즐깁니다. 아이들 역시 매일 웹툰, 영화, TV 드라마 등 이야기에 빠져 살고 있습니다. 우리가 매일 즐기는 콘텐츠들이 모두 누군가의 상상으로 빚어진 이야기임에도 불구하고, 정작 아이들에게 이야기를 쓰도록 하면 무슨 이야기인지 알 수 없는 글을 쓰는 경우가 많습니다. 게임에 빠져있는 남자 아이들 중에선 대부분의 인물들을 죽여 버리고 혼자 재미있어 하는 경우도 많습니다. 아이들에게 창작의 어려움과 기쁨을 함께 느끼는 시간이 되도록 돕고 싶은데, 어떻게 지도하면 좋을까요?

1. 모둠의 아이들이 릴레이로 이야기 완성하기

자꾸만 욕심이 생겨 완성된 이야기를 쓰려다 보니 제대로 시작도 못하고 제자리를 맴돌게 되는 게 창작의 세계입니다. 일단 완성도가 높은 이야기를 만들겠다는 욕심을 버리고 즉흥적으로 이야기를 만들어 완성해 보는 경험을 가지도록 도울 필요가 있습니다. 이럴 때 가장 추천할만한 방법은 아이들의 상상력을 끌어올 만한 이야기의 단초를 제공하고, 아이들이 뒷 이야기를 만들게 하는 것입니다.

❶ "어느날, 하교 후에 진희는 길을 가다 우연히 투명 망토를 발견했습니다.	❷ "알고보니, 선물로 받은 로또가 당첨되어 무려 100억원을 받게된 것입니다."

❸ "새로 이사온 집 마당에서 파낸 시계의 버튼을 누르자 시간이 정지되었습니다."	❹ "아버지의 친구분이 타임머신을 만들고, 첫번째로 나를 타도록 해주셨습니다."
❺ "길을 알려주자 할머니가 주신 약을 먹고 일어난 다음 날, 나는 세상에서 가장 예쁜 사람이 되어 있었습니다."	❻ "김박사님의 약을 먹으니 나는 슈퍼 히어로가 되어 누구보다 빠르고 누구보다 힘이 센 사람이 되었습니다."

수업을 시작하기 전에 준비한 이야기를 인쇄합니다. 그 다음에는 종이쪽지를 동그랗게 말아 두루마리로 만들어 묶습니다. 이어 모둠별로 대표가 나와 한 가지 이야기를 골라 가져갑니다.

예를 들면 "김 박사님의 약을 먹으니 나는 슈퍼 히어로가 되어 누구보다 빠르고 누구보다 힘이 센 사람이 되었습니다."라는 두루마리 글을 뽑았다면, 모둠별로 한명씩 이야기를 만들게 합니다.

4명 한 모둠이라면, 두 바퀴를 돌고 마지막 아이는 반드시 이야기를 끝마치도록 했습니다.

① 예를 들어 모둠 대표가 뽑은 두루마리를 펴서 선생님이 읽어 줍니다.

❹ "아버지의 친구분이 타임머신을 만들고, 첫번째로 나를 타도록 해주셨습니다."

② 모둠 번호1: "타임머신을 타고 가장 먼저 엄마, 아빠가 처음 만났던 장소로 찾아 갔습니다."

③ 모둠 번호2: "엄마와 아빠는 같은 회사에서 만나셨기 때문에 15년 전으로 가야 했습니다."

④ 모둠 번호3: "아빠는 숫기가 없어서 엄마를 좋아하면서도 멀리 숨어서 몰래 훔쳐보고만 있었습니다."

⑤ 모둠 번호4: "저는 아빠에게 다가가 제가 아빠의 아들이라고 고백했습니다."

⑥ 모둠 번호1: "아빠는 처음엔 믿지 않았지만, 꼭 닮은 제 얼굴을 보고 결국 저를 믿어 주셨습니다."

⑦ 모둠 번호2: "아빠는 엄마가 평소에 무엇을 가장 좋아했는지 살짝 말해 달라고 졸랐습니다. 저는 엄마가 특히 꽃을 좋아하고, 노래 부르는 것을 좋아한다고 알려드렸습니다."

⑧ 모둠 번호3: "아빠는 자연스럽게 엄마가 좋아하는 꽃을 엄마 책상 위에 놓아 두었습니다. 그리고 엄마가 평소 좋아하던 멋진 노래를 불러드렸습니다. 아빠의 반전 매력에 엄마는 결혼을 허락하셨습니다."

⑨ 모둠 번호4: "저는 돌아오며 살짝 아빠의 손에 제가 태어날 즈음의 로또 1등 번호를 적어주고 돌아왔습니다. 그랬더니 돌아온 우리 집은 그렇게 바라던 정원이 넓게 펼쳐진 대 저택이 되어 있었습니다."

중간에 삼천포로 빠지게 만들거나, 갑자기 김을 빼놓거나, 예전에 말 많았던 어떤 드라마처럼 모든 주인공을 죽게 만들거나 등등의 부작용이 있기도 했지만 대체로 아이들은 유쾌하고 즐거운 이야기들을 만들어 냅니다.

2. 스토리큐브 교구를 이용해 이야기 만들기

'스토리큐브'는 각 면에 다양한 그림이 그려져 있는 9개의 주사위가 한 세트입니다. 주사위를 던져 나오는 그림을 보며 순서대로 이야기를 만들고 이어 나가는 게임입니다. 처음 시작할 때 어떻게 이야기를 진행할지 어려워하는 아이들에게 정말 최적화된 이야기 교구입니다. 저희 학년에서도 함께 스토리큐브를 구입해 돌아가며 교실에서 활용하였습니다.

교구를 구입하는 것이 부담스럽다면, 이천중학교 김정식 수석 선생님이 만드신 자료를 화면으로 보여주셔도 됩니다. 글자용과 그림용이 있어서 아이들에게 화면으로 제시하고 이야기를 만들게 해 보세요.

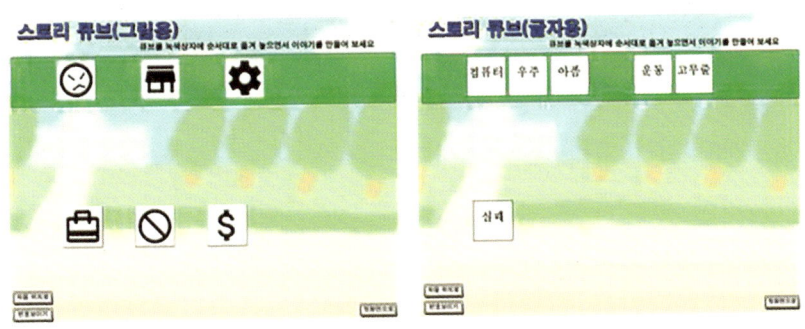

'플래시 스토리큐브'를 실행시킨 후, 시작 버튼을 눌러 단어(그림)가 나타나면 단어(그림)를 마음에 드는 순서대로 골라 재배열한 다음, 주제와 관련된 내용을 단어(그림)와 연관지어 이야기를 만들면 됩니다. 학급에서 전체 학생이 함께 할 때에는 '번호 보이기'를 눌러 단어(그림)의 번호를 확인한 다음, 개인별 또는 모둠별로 단어(그림)를 배열하고 이야기를 만들어 발표하면 됩니다. 같은 단어를 가지고 발표하는 경우 다른 모둠이 발표할 때에는 처음 위치로 단어를 이동시켜 과정을 반복하면 됩니다.

따로 비싸게 구입하지 않고도 스토리큐브를 즐길 수 있습니다. '스토리큐브' 유료앱을 사용해도 좋지만, 모둠별로 'story dice'라는 무료 앱을 설치하게 한 후, 화면에 나오는 그림의 순서에 따라 이야기를 만들게 해 보세요. 아이들이 무척 재미있어 합니다. (story cubes는 2650원 유료)

3. 보드게임 '딕싯' 그림카드 활용하기

그림이 환상적이고 많은 의미를 내포하고 있으면 더욱 좋습니다. 딕싯 카드의 그림은 환상적이면서도 무한히 열려있고 다의적인 특성이 있어서 더욱 아이들의 상상력을 끌어내기에 좋습니다.

(1) 내 마음을 맞춰 봐! 딕싯 게임

보드게임 '딕싯'은 첫 번째 아이가 '이야기꾼'이 되어 카드 중 하나를 비공개로 제출하고, 해당하는 카드의 '키워드'를 제시하여, 나머지 아이들이 비공개로 제출된 카드들 중에서 '이야기꾼'이 제출한 카드를 추측하여 맞추는 게임입니다.

먼저 딕싯 카드를 보이지 않게 잘 섞고, 모둠 아이들에게 각자 6장의 카드를 나누어주고 시작합니다.

딕싯의 게임 방법

① 첫 번째 아이는 '이야기꾼'이 되어 자신의 카드 중 하나를 몰래 고릅니다.

② 그리고 그 카드에 어울리는 키워드를 하나 정해 뒤집어 제출합니다.
　"이 이야기는 사냥을 하면서 벌어진 일이야"

③ 나머지 모둠 아이들도 자기 카드 중에서 '사냥'이라는 키워드에 가장 비슷하다고 생각되는 카드를 골라 뒤집어 제출합니다.

④ 첫 번째 아이는 제출된 카드를 잘 섞고 순서를 정해 그림이 보이는 쪽으로 공개합니다.

⑤ 공개된 카드 중 첫 번째 아이가 제출한 카드를 추리하여, 숫자 토큰을 사용해 비공개로 투표합니다.

⑥ 첫 번째 아이, 즉 '이야기꾼'은 숫자 토큰을 열어 득표수를 보여주고, 정답

을 발표합니다. 이때 '이야기꾼'은 딜러가 되어 게임을 진행하는 역할을 하며, 투표에 참여할 수는 없습니다.

자! 다음 그림 중에서 어떤 그림이 '사냥'과 관련된 그림일까 맞춰보시겠어요?

아이들은 자신이 제출한 카드를 제외하고는 다른 친구들의 카드를 전혀 알 수 없기 때문에 추리가 쉽지 않고, 자신이 제시한 카드가 이야기꾼의 카드보다 더욱 '사냥'이라는 키워드에 더욱 근접해 보여 득표를 많이 받을 수도 있습니다.

모두가 정답을 맞히지 못하였을 경우, 이야기꾼은 점수를 획득하지 못합니다. 이야기꾼 보다 '사냥' 키워드에 더욱 가까운 1번 카드를 제출한 아이가 득표수만큼 점수를 얻어 자신이 선택한 색깔의 토끼 말을 3칸 전진할 수 있습니다.

모두가 정답을 맞혔을 경우, 이야기꾼은 점수를 획득하지 못하고, 정답을 맞힌 아이는 2칸씩 전진합니다. 이야기꾼은 모두가 정답을 맞혔을 경우도, 맞히지 못할 경우에도 점수를 획득하지 못하기 때문에, 카드 선정과 키워드 제시가 정말 중요합니다.

 정답을 맞힌 아이가 한 명일 경우, 이야기꾼은 모든 아이들이 정답을 맞힐 수 있도록 '키워드'를 쉽게 제시하지도, 모두가 맞출 수 없도록 어렵게 제시하지도 않았기 때문에 이야기꾼과 정답을 맞힌 아이는 3점을 획득하여, 3칸씩 전진하게 됩니다. 두 번째 카드를 제시한 아이와 네 번째 카드를 제시한 아이도 1개의 득표를 받았기 때문에 각 득표수만큼 1칸씩 전진합니다. 기본적으로 득표 받은 수만큼 전진이 가능하기 때문에 '키워드'에 가장 비슷한 카드를 제출하거나 득표를 유도하거나 이야기꾼이 제시한 카드를 맞추기 어려운 경우, 자신이 제출한 카드에 투표를 하여 1점을 얻는 전략을 세우기도 합니다. 너무 어려워도, 너무 쉬워도 안 되기 때문에 많은 해석을 낳는 점이 게임에 더욱 빠져들게 합니다.

(2) 딕싯 카드 골라 문장으로 표현하기

저학년이나 중학년이라면, 아직 딕싯 보드게임의 게임 방법이 쉽지 않습니다. 이럴 때는 간단히 딕싯 카드의 환상적인 그림만 빌려와 활용해도 좋습니다. 먼저 마음에 드는 카드를 한 장씩 고르고 그 그림을 문장으로 표현하게 합니다. 그리고 그 문장을 시작으로 이어지는 이야기를 만들면 됩니다.

모둠 안에서 활용할 때에는 아이들이 각자 한 장씩 카드를 고르고, 그 카드를 순서대로 책상 위에 놓은 후 함께 어울리는 이야기를 만듭니다. 그런 후에 그림과 함께 교실 앞에 서서 발표하도록 합니다. 처음에는 4장으로 간단히 시작하고, 다음에는 각자 2장씩 골라 여덟 장면의 이야기로 늘려 갑니다. 이것도 익숙해지면 각자 4장의 카드, 모둠에서 16장의 딕싯 카드를 보고 이야기를 만들어가게 합니다.

제법 길어진 이야기의 구성에 스스로 놀라고, 나름 만족스러워하며 친구들에게 발표하는 동안 얻는 배움이 큽니다.

84개의 그림 카드가 들어 있는 딕싯은 일단 다양하고 환상적인 그림만으로도 많은 해석을 낳으며 재미있게 이야기 수업에 활용할 수 있습니다.

4. TVN 문제적 남자에도 소개된 '이야기톡'으로 이야기 만들기

비용 부담은 있지만 전문 이야기 창작 카드인 '이야기톡'을 활용하는 것도 괜찮습니다. 라이트 버전은 가격도 저렴해서 모둠별로 활용할 만합니다.

5장의 카드를 고른 후에 [주인공]-[주인공이 하고 있는 일]-[예상되는 갈등]-[갈등이 해결되는 과정]-[결말]의 순서대로 이야기를 만들도록 합니다. 예를 들어 이렇게 이야기를 만들면 됩니다.

① 주인공: "민욱이는 13살 남자 아이입니다."

② 주인공이 하고 있는 일: "민욱이는 원래 축구를 굉장히 좋아했는데, 어느 날 친구들과 어울리려 게임에 빠졌어요."

③ 예상되는 갈등: "그 후 민욱이는 게임을 하기 위해 동생 승욱이와 하나밖에 없는 게임기를 서로 차지하려고 매일 다투었어요."

④ 갈등이 해결되는 과정: "그런데 엄마가 셋째 동생을 낳으셨습니다. 두 오빠는 갓 태어난 여동생 서연이가 너무너무 귀엽고 예뻤어요."

⑤ 결말: "두 오빠는 게임은 까마득히 잊고 동생과 부모님과 행복한 나날을 보냈답니다."

스토리텔링으로 재미있는 수업하기

　이야기를 싫어하는 아이들이 있을까요? 저학년은 당연하고 고학년 아이들도 수업 시간에 선생님이 들려주시는 이야기에 푸욱 빠져들지 않는 아이가 없습니다. 본능적으로 모든 인간은 이야기를 좋아합니다.

　학창 시절 기억에 남는 선생님을 떠올려 보세요. 추억 속에는 어김없이 이야기를 재미있게 들려주시던 선생님이 계십니다. 수업이 지루할 즈음이면 어김없이 재미있는 이야기 보따리를 풀어놓으셨고, 책 속의 이야기이든 선생님의 어릴 적 경험 이야기이든 간에 학생들의 눈높이에서 스토리텔링을 해 주곤 하셨습니다. 이렇게 재미있는 이야기, 아이들이 좋아하는 이야기를 중심으로 수업하는 것은 곧 학습자 중심의 수업을 의미합니다. 스토리텔링을 아이들을 참여시키는 수업에 활용하려면 어떻게 준비하면 좋을까요?

1. 스토리텔링 수업의 장점 알아보기

> "나는 이야기한다. 고로 존재한다."는 호모나랜스(Homo-narrans ; 이야기하는 인간). 우리는 스토리텔링의 시대를 살고 있다. 영국의 팝 아티스트 게빈 터크는 말라비틀어진 사과 하나에 아담과 이브의 스토리, 잃어버린 낙원에 대한 스토리를 투영함으로써 '실낙원'이라는 정체성을 부여했다. 한낱 말라비틀어져 곰팡내 나는 꼭지에 불과했던 사과가 엄청난 가치를 지닌 작품으로 재탄생한 것이다. 이렇듯 스토리는 평범함 속에 의미를 부여하는 힘과 영향력이 있다.
> - EBS 다큐프라임 '이야기의 힘' 3부 「스토리텔링의 시대」

우리는 수업과 관련하여 '스토리텔링'이라고 하면 일차적으로 선생님이 들려주는 재미있는 이야기를 떠올립니다. 그러나 선생님의 이야기를 분석해 보면 더욱 다양한 이야기가 있음을 알게 됩니다. 수업 자체가 이야기인 경우도 있고, 수업에 맞게 이야기를 변용하는 경우도 있습니다. 이처럼 스토리텔링은 수업에서 다양하게 적용되고 있습니다. **스토리텔링 수업 형태는 교사 자신도 의식하지 못하고 해왔던 교수 기술 중의 하나입니다. 교사 스스로 만족감을 얻은 수업을 되돌아 보면, 그 속에는 스토리텔링적 요소가 깊게 관여하고 있음을 종종 발견할 수 있습니다.**

(1) 스토리텔링 수업의 개념

'스토리텔링(storytelling)'은 '스토리(story)를 이야기(tell)하는(-ing)'의 합성어로 이야기를 말하고 있는 현재적인 활동을 의미합니다. 즉 '스토리'의 의미에 '텔링'이라는 동사성 명사가 부가된 합성어로 어떤 이야기를 만들거나 이야기를 남들에게 표현하고 전달하는 행위를 가리키는 것으로 일종의 의사소통 행위입니다. 대부분 '구연'이란 용어와 같은 개념으로 사용하고 있습니다. 구연(口演)은 스토리텔링과 마찬가지로 자연스럽게 비언어적인 요소들이 수반됩니다. 또한 스토리텔링이 이루어지는 장면에서 볼 수 있는 구연자와 청자 간의 활발한 상호작용이 구연에서도 일어난다는 점을 고려할 때 '스토리텔링'과 '구연'은 같은 개념인 것으로 볼 수 있습니다.

(2) 스토리텔링의 교육적 가치

우리나라 학생들은 학업 성취도는 높지만 수학 공부를 왜 해야 하는지에 대한 학습 동기가 낮습니다. 이에 추상적인 수학 개념을 자연스럽게 접하면서 보다 쉽게 이해하고 재미있게 학습할 수 있는 교과서의 필요성이 대두되었습니다. 학생들이 쉽게 이해하고 재미있게 배우는 수학 교육의 필요성이 요구되어 2015 개정 교육과정에 따라 일부 수학과 수와 연산, 도형 등의 단원에 스토리텔링 방식을 적용하였습니다. 이처럼 스토리텔링은 수학뿐만 아니라 교과 학습의 다양한 사고를 유발하게 하여 융합적 인재 육성을 가능하게 합니다. 수업 속에서 이야기를 활용할 때 어떤 교육적인 효과가 있을 거라 생각하십니까?

Elis와 Brewster는 스토리텔링의 교육적 가치를 다음과 같이 세 가지로 들었습니다.

① 학생들의 상상력을 자극하고 몰입하게 하며 비판적인 능력을 키워 감성적 성장을 돕는다.

② 학생들에게 다른 사회의 문화나 생활들에 대한 정보를 제공하여 시대를 초월한 세상을 접하고 지식을 얻어 이해를 넓히며 새로운 생각과 경험에 접근하게 한다.

③ 다양한 이야기를 통해 어휘를 넓히고 새로운 문제에 적응하는 능력을 향상시켜 문제해결력을 신장시킨다.

아이들이 이야기를 좋아하는 것은 무엇보다 이야기는 '재미'가 있기 때문입니다. 바꿔 생각해 보면, 따분한 공부를 재미있게 할 수 있는 것보다 더 좋은 교육방법은 없다는 말과 같습니다. '스토리텔링'은 교과서 속의 추상적인 개념을 이야기 속의 적절한 상황을 통해 자연스럽게 배우게 함으로써 다양한 수준의 학생들이 쉽게 이해하는 데 도움을 줍니다. 또한 감성이 풍부하고 직관적인 요즘 학생들의 특성에 부응하여 쉽게 이해하고 재미있게 배우는 과정을 통해 스스로 생각하는 힘을 길러 줄 수 있습니다. 이외에도 스토리텔링을 통한 수업은 교사와 학생간의 친밀감을 향상시켜 줍니다.

2. 쉽게 시작해보는 스토리텔링 수업의 실제

(1) 인디스쿨 수학 이야기 활용하기

스토리텔링 수업의 최전선에서 선생님들에게 도움이 되는 곳은 역시 인디스쿨(http://indischool.com) '수학 자료실'의 스토리텔링 PPT입니다. 해리포터와 비밀의 방, 토이스토리, 짱구는 못 말려, 신과 함께, 도깨비 등 TV나 영화를 통해 사랑받은 스토리를 활용해 재미있게 만들어진 자료가 여러 선생님들의 자발적인 공유를 통해 올라오고 있습니다.

 일단 아이들이 좋아하는 이야기를 배경으로 만들어진 자료들이라, 아이들의 몰입과 집중은 평소보다 2배 정도라고 여겨집니다. 다만 재미있게 빠져들 무렵마다 등장하는 뜬금없는 교과서 수학문제 풀이에는 아이들의 실망하는 탄식이 나오기도 합니다.

 교사 커뮤니티의 '수학' 자료실에 있는 스토리텔링 PPT를 활용할 때에는 유의해야 할 점이 있습니다.

① **사전에 미리 실행시켜 보고, 자연스럽지 않은 이야기는 수정한다.**
 스토리와 전혀 별개의 교과서 문제 제시는 아이들의 동기를 급속하게 약화시킵니다. 내용 전개와 전혀 관련없는 교과서 문제를 제시하지 않았는지 돌아봅니다.

② **반 이름이나 아이들 사진은 꼭 반 아이들 사진으로 대체한다.**

아무리 수업 준비할 시간이 없다 해도 다른 반 이름이나 다른 반 아이들 이름(업로드한 선생님 반)이 나오면 아이들의 반응은 냉담해집니다. 선생님이 정성껏 준비하신 수업인 줄 알았는데, 그마저도 수정하지 않고 보여주진 않아야겠습니다.

다운받은 PPT 파일 속의 JPEG 이미지 파일은 기본적으로 '투명'이라는 값이 없기 때문에 항상 배경이 존재합니다. 따라서 배경에 맞추기 위해 이미지 파일의 하얀 배경을 제거해야 합니다.

파워포인트 2010 버전 기준으로 이미지 파일을 선택,

리본메뉴 **그림도구 > 서식 > 배경제거 > 이미지파일 그룹선택 > 확인**

파워포인트 2003과 2007 버전은, 이미지파일 선택

서식메뉴 > 조정 > 다시칠하기의 '투명한 색 설정' > 제거할 배경 선택

으로 완료됩니다. 물론 포토샵에서 라쏘툴을 이용하여 정교하게 제거한 뒤 PNG파일로 저장하는 방법도 있습니다.

Keller의 ARCS 동기설계 이론 중에서 관련성(Relevance) 전략을 활용하자면, 아이들은 반 친구들이 스토리텔링에 등장할 때에 훨씬 동기유발이 됩니다.

(2) 심성놀이 속 스토리텔링 이야기

'10명으로 건설하는 새로운 지구'라는 심성놀이가 있습니다. 핵전쟁이 벌어진다면 미래에 어떤 일이 벌어질까? 라는 생각에서 시작되어 '토닥토닥 심성놀이' 책에 소개한 놀이입니다. "만약에 핵전쟁이 벌어졌는데 냉동인간이 있다면, 100년 뒤에 새로운 지구가 시작될 수 있지 않을까?"

처음 아이디어는 이 작은 생각부터 가지를 쳐서 만들어졌습니다. 간단한 메모를 하기 시작했습니다.

'우리 반 아이들을 각자 주인공으로 정하고, 미션을 주자! 자신을 포함해 100년 뒤에 새로운 지구를 건설할 사람을 뽑아달라는!'

저는 어떤 아이들이 뽑힐까 궁금했습니다. 이때 '나랑 친해서' 같은 이유가 아니라 좀 더 반의 다른 친구들을 설득할 이유를 주문했습니다. 그렇게 완성된 이야기는 다음과 같습니다.

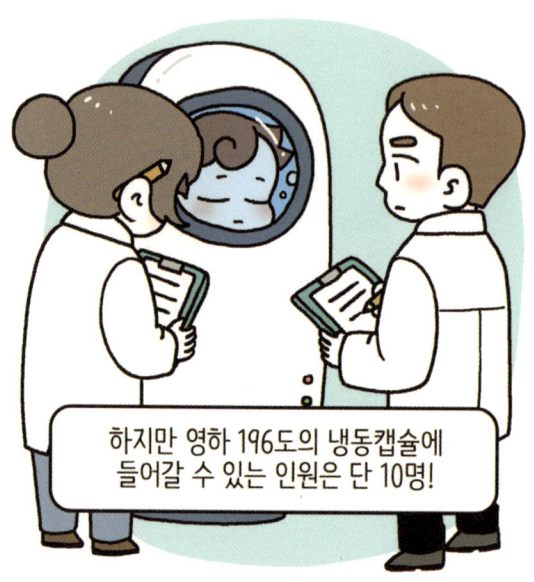

"세계 최강국이라고 할 수 있는 미국과 중국이 서로에게 핵무기를 발사했습니다. 단 10분 후면 전 세계가 핵무기로 인해 폭발하고 인류가 멸망할 위기의 순간! 다행히도 우리나라 과학자 중 노벨과학상을 받은 김평화 박사님이 영하 196도의 '냉동인간'으로 살 수 있도록 10개의 냉동 캡슐을 미리 만들어 두셨습니다. 이제 김평화 박사님이 당신에게 미션을 주셨습니다. 10분 안에 우리 반 아이 중에서 100년 뒤에 새로운 지구를 건설할 수 있는 자격을 갖춘 친구 10명을 뽑아달라고! 여러분은 어떤 친구를 뽑겠습니까?"

아이들은 더욱 흥분해서 반 아이들을 샅샅이 살펴보면서 자격에 어울리는 친구들을 엄선해 선발했습니다. 이름이 불린 친구들의 얼굴을 돌아보며, 아이들은 두 가지 공통점을 발견했습니다.

첫째, 꿈이 분명한 아이들이 많이 선발된다.

미래의 꿈이 구체적인 아이들을 친구들이 알고 뽑아 주었습니다.

둘째, 함께 행복한 직업을 원하는 친구들이 선발된다.

자신이나 가족만 행복한 직업보다 과학자, 의사, 선생님 등 여러 사람들을 행복하게 해주는 직업이 선발되어 진로교육 프로그램으로 진행해도 좋겠다는 생각을 했습니다.

'타임머신을 타고 만난 나' 심성놀이는 인터넷에 떠도는 한 장의 사진으로부터 아이디어가 시작되었습니다.

기생충 교수로 통하는 단국대 의대 서민 교수님의 인터뷰 신문 기사를 읽었습니다. 지금은 촌철살인의 풍자로 유명한 분이지만, 어린 시절 '눈 작고 못생긴 애'로 통해 아버지마저 자신을 미워했다는 상처 가득한 모습을 알게 되었습니다.

> "타임머신 같은 게 있어서 내 어린 시절에 누군가 미래에서 뿅 날아와 '넌 앞으로 잘 살게 될 거야' 미리 말해줬더라면 사는 게 그렇게 괴롭진 않았을 텐데. 내가 지금 누군가에게 그런 역할을 해줄 수 있음 좋겠다. 네 미래는 좋아질 거다. 좌절하지 않고 뭐든 하나만 열심히 하면 당장은 필요 없어 보이는 것들도 나중엔 다 쓸모가 있을 거라고 얘기해 주고 싶다."

서민 교수님의 인터뷰를 통해 '타임머신'이 오늘 만들어지고, 그 타임머신을 타고 3월 첫날의 나를 만날 수 있는 1분의 시간을 얻었다는 가상의 상황을 아이들에게 제시했습니다. PPT에 가상의 상황을 소개하는 스토리텔링을 담고, 아이들에게는 스토리텔링을 요약한 간단한 학습지를 나누어 주었습니다.

아이들은 '타임머신을 탄다.'는 이야기의 설정만으로도 흥분하며 상상의 나래를 펼쳤습니다.

[심성계발 학습지]

타임머신을 타고 어린 시절로 돌아간다면?

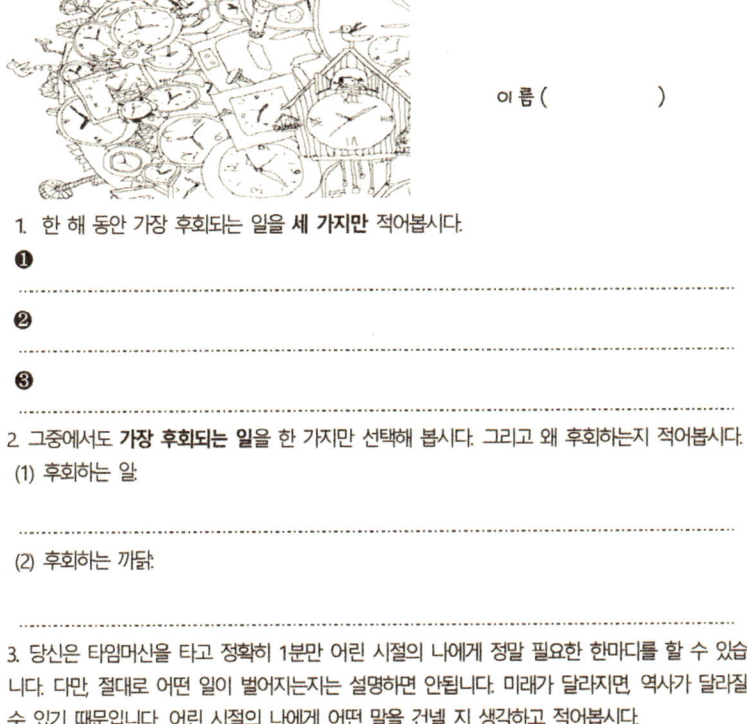

이름 (   )

1. 한 해 동안 가장 후회되는 일을 세 가지만 적어봅시다.
   ❶
   ❷
   ❸

2. 그중에서도 **가장 후회되는 일**을 한 가지만 선택해 봅시다. 그리고 왜 후회하는지 적어봅시다.
   (1) 후회하는 일:

   (2) 후회하는 까닭:

3. 당신은 타임머신을 타고 정확히 1분만 어린 시절의 나에게 정말 필요한 한마디를 할 수 있습니다. 다만, 절대로 어떤 일이 벌어지는지는 설명하면 안됩니다. 미래가 달라지면, 역사가 달라질 수 있기 때문입니다. 어린 시절의 나에게 어떤 말을 건넬 지 생각하고 적어봅시다.

4. 만약 내가 어른이 되어서 다시 타임머신을 타고 현재의 나에게 찾아온다면, 어떤 충고를 건넬지 생각해보고 한 줄로 적어봅시다.

※ 과학자 아인쉬타인'미친 짓이란 똑 같은 일을 반복하면서 다른 결과를 기대하는 것 (Insanity: doing the same thing over and over again and expecting different results)' 이다!!

(3) 문제해결 학습에 스토리텔링 도입하기

'뽀로로의 부탁', '라바의 편지' 등은 문제해결 학습에 스토리텔링을 도입하는 방식으로 많이 활용되고 있습니다. 스토리텔링은 문제 상황에 가상 현실을 도입하여 학생들을 주체로 참여시켜 문제 해결의 동기를 유발합니다. 문제해결 학습에서 스토리텔링은 문제를 가상현실로 만들어 줍니다. 스토리텔링으로 만들어진 문제가 가상의 세계라는 것은 알면서도 가상현실의 현실성과 실제성을 받아들이고 스토리텔링의 주체로서 문제 해결에 적극적으로 참여하게 됩니다. 결국 학생들을 문제해결의 주체로 만들어 줍니다.

이때 손쉽게 적용할 수 있는 스토리텔링 기법이 바로 학생들에게 인기 있는 애니메이션이나 영화를 활용하는 방법입니다. '뽀로로'를 수업 시간에 활용한다고 할 때, 학생들은 따로 설명하지 않아도 뽀로로가 북극에 살며, 친한 친구는 누구누구가 있으며, 어떤 성격인지 알기 때문에 별도의 스토리텔링 요소가 필요하지 않습니다.

학생들이 해결해야 할 문제는 '뽀로로에게서 온 편지'로부터 시작됩니다.

> "안녕, 강일 초등학교 2학년3반 친구들!
> 나는 얼음 나라에 살고 있는 '뽀로로'야, 이번에 보내 준 사진들을 보면서 참 신기했어.
> 내가 사는 얼음 나라는 일 년 내내 겨울이라 많이 춥거든.
> 그래서 예쁘고 귀여운 너희들과 신나는 여름을 보내기 위해 이번 7월에 한국으로 가려고 해.
> 그런데 한 가지 문제가 있어!
> 난 추운 얼음 나라에서만 살아서 여름철엔 무엇무엇이 필요한지 잘 모른단다. 혹시 2학년 3반 친구들이 내가 무엇무엇을 가져가야 이번 여름 여행을 즐겁게 다녀올 수 있을지 알려줄 수 있겠니?"

학생들은 동기유발부터 학습의 정리 단계까지 2박3일 동안의 여행 일정에 필요한 물건들을 준비된 상자에 담음으로써 수업이 마무리됩니다.

우리나라에서도 해리포터 작가처럼 유명한 스토리텔러가 나오지 말라는 법은 없습니다. 수업도 하나의 연출이라는 아이디어에서 출발해 교사와 학생 모두가 스토리텔링으로 재미있는 수업을 만들어가는 경험을 축적하게 되면 얼마든지 가능한 미래가 아닐까 생각합니다.

(4) '순이'라는 가상인물의 등장으로 생각 확장시키기

'수업기술의 법칙'에서 저자인 한형식 송광 수업기술연구소 소장님은 아이들이 교실 수업 중에 어떤 한계에 부딪혀 더 이상 발전된 생각을 내놓지 못하고 사고가 정체되어 있을 때 '순이'라는 가상인물을 등장시켜 스토리텔링을 이어가라고 권하셨습니다.

'순이'는 현재 수업 대상인 어린이들과 동학년의 어린이로서, 수업 과정상 필요에 따라 등장시키는 가상의 인물입니다. 아무래도 이름이 지나치게 옛날 느낌이 나서 저는 아이들이 좋아하는 '수지'나 '아이유' 등으로 이름을 정해 불러줍니다. 단 아이들과 같은 학년으로 설정해서 이야기를 이어갑니다.

발문 후에 시간을 주어도 아이들이 더 이상 좋은 대답을 하지 못할 때, '순이'를 등장시켜 다른 관점의 생각을 내놓거나, 힌트를 제시함으로써 막혀 있던 사고의 길을 열어주고, 때로는 아이들이 제시한 생각의 일부 또는 전부를 부정함으로써, 마음속에 혼란을 일으켜 지적으로 긴장감을 조성하는 역할을 해 줍니다.

'순이'는 사고를 자극해 주는 어린이
'순이'는 부정적으로 공격하고 응수하는 학습의 라이벌
'순이'는 곤란에 처해 있을 때 적절히 도와주는 조력자
'순이'는 학습을 촉진시키는데 없어서는 안 되는 가상의 동학년 친구

사실 선생님이 답을 제시하거나 같은 반 아이의 이름을 활용해도 되지 않을까 생각하시겠지만, 일단 대부분 아이들은 교사의 지적 권위에 위압감을 느끼기 쉽습니다. 따라서 아이들의 생각과 대립되는 생각을 교사가 제시하여 사고케 하려고 할 때, 쉽게 고개를 끄덕이며 더 이상 생각하려 하지 않는 경향이 있습니다.

또 같은 반 친구의 이름을 활용할 때, 친하거나 또는 개인적으로 적대감을 느끼고 있는 친구의 이름일 경우, 솔직한 의견을 내기가 어려워집니다. 다르거나 모순되는 의견을 내놓았을 때 상처를 받거나 공격당할까 두려워 반론을 펴기 어려울 수 있습니다.

학생들: "빼빼로 데이는 우리나라 사람들이 만들어서 외국에도 수출할 수 있는 좋은 날이라고 생각합니다."

교사: "여러분들 모두 그렇게 생각하나요?"

학생: (별 대답없이 수긍하는 분위기이다.)

교사: "그런데, 다른 학교에 다니는 6학년 수지는 여러분이 알지 못했던 사실을 알고 있어요.
수지의 이야기를 들어볼까요?"

수지: "일본에 놀러 가서 포키라는 과자를 먹게 되었는데, 꼭 모양이 빼빼로인거야.
알고 보니 이미 1966년에 만들어졌고, 롯데가 빼빼로를 출시한 것은 1983년이라는 데 너희들은 이거 알고 있었니?"

수업 중에 가상의 동학년 아이를 등장시켜 학생들의 생각과 반대되는 의견을 제시하도록 했습니다. 이를 통해 반 아이들이 더욱 깊은 생각에 도달하게 하는 유용한 기법 중의 하나입니다.

비유적 표현 살려 유쾌한 시쓰기

온정초 4학년 이길동이란 학생이 썼다는 '고양이'라는 시입니다.

고양이

온정초 4학년 이길동

집에 와 보니까
우리 어머니께서
고양이가 죽었다고 해서
나는 눈물이 핑 돌았습니다.
나는 고양이가 참
안 죽었으면 좋겠는데
고기 먹다가 얹혔는지 몰라도
고기 먹다가 죽었습니다.
죽으면 슬픕니다.
나는 눈물이 났습니다.

시를 읽고 어떤 마음이 드셨습니까? 이게 무슨 시야? 라는 반응도 만나봤지만, 저는 우리 집 고양이가 죽었던 날의 아픔이 그대로 느껴져서 마음이 아팠습니다. 아무 꾸밈없이 진정을 써 놓인 이 시는 서투르지만, 가슴을 울립니다. 진정은 머리로 지어낼 수 없고 손재주로도, 흉내로도 만들어 낼 수 없습니다. **오직 삶 속에 삶의 행동 속에 우러날 수밖에 없는 것이 진정입니다.**

아이들의 삶을 가꾸는 글쓰기 지도, 어떻게 하고 계십니까? 또래의 좋은 글을 많이 들려주는 것이야말로 좋은 글이란 어떤 것인지 생각해보게 하는 것이라 믿고, 전 아이들의 글을 많이 들려주는 편입니다. 시를 지도할 때도 평소 아이들의 글을 많이 모아두고 먼저 아이들의 삶에 가까운 글부터 먼저 들려줍니다. 처음에 들려주려고 준비한 시는 '힘든 하루'라는 구산초등학교 4학년 아이의 시(소년한국일보 2000년 9월 20일)입니다.

힘든 하루

구산초 4학년 이유미

6교시가 끝나고
집에 가고 싶지만
특기적성 때문에
컴퓨터실로 간다
타자치는 내 손가락
힘이 없어 대충대충
아픈 손
또 아프게 피아노 치러 간다
공부에 지쳐
마음은 슬픈데

피아노는 내 마음을 모르는지

고운 소리만 낸다

오늘 공부

다 끝난 줄 알았는데

'씽크빅 수학'이 또

남아있네

학교공부만 하면

안될까?

피아노치고 싶은 날

피아노 치고

플루트 불고 싶은 날

플루트 불면 안 될까?

그러면 정말 안 될까?

자연스럽게 아이들에게 발문을 연결합니다.

"혹시 이 시를 듣고 나도 그랬어! 라고 느낀 친구가 있나요?"

"수업이 끝나고 학원을 다니는 게 힘든 친구, 손들어 볼까요?"

"학원 다니는 게 좋다는 친구의 의견도 들어볼까요?"

"전국의 모든 학생들이 학교 공부만 하면, 남는 시간에 여러분은 무엇을 하고 싶나요?"

시 한편에 아이들 마음이 오밀조밀 다 모입니다. 친구의 의견에 공감하고, 때론 저렇게 생각할 수 있겠구나! 이해하게 됩니다.

6학년 국어 교과서의 '비유적 표현'을 살려 시 수업을 준비하는 과정을 정리했습니다. 먼저 동기유발삼아 인터넷 SNS에 많이 소개되었던 한 아이의 재미있는 시를 보여줍니다.

"시의 어느 부분이 재미있나요? 그 이유도 발표해볼까요?"
"가족들을 각각 어떤 동물에 비유했나요?"
"우리 가족과 동물들에는 어떤 공통점이 있나요?"
"마지막 연을 어떻게 고치면 좋을까요?"

"이 시처럼 우리 가족을 떠올리며, 비유적 표현을 넣어 적어볼까요?"

그런 후에 씽킹맵 중에서 '브릿지맵'(Bridge Map)을 활용해 지도했습니다. '내 동생' 동요를 불러보고, 직접 브릿지맵을 작성해보도록 하면 더욱 재미있습니다.

```
동생을      꿀돼지    두꺼비    왕자님
부르는      ─∧──────∧──────∧──
별명        엄마      아빠      누나
```

1. 수수께끼 시 쓰기 지도하기

일본의 아베 타카유키 교사가 2001년 학습 게임 연구회 메일 매거진 「M-AGE」에 소개했던 '수수께끼 시'를 쓰며 즐겁게 비유적 표현을 공부했습니다.

(1) 비유적 표현이 들어있는 시 듣고 모둠별로 토의하기

주로 이환천 SNS 시인의 시 몇 편을 들려주고 제목을 맞춰 보도록 문제를 냅니다. 선생님도 직접 풀어보시겠어요?

① 밟고 있지만 밟고 싶구나.

② 내목따고/ 속꺼내서/ 끓는 물에/ 넣으라고/ 김부장이/ 시키드나

③ 먹지를 말든가/ 말하지 말든가/ 이러나저러나/ 니 입이 문제다.

④ 다 알면서/ 혹시 몰라/ 검색창에/ 쳐봅니다.

정답은 ① 체중계 ② 커피믹스 ③ 다이어트 ④ 살 빼는 법입니다.

그 넘치는 해학에 감탄하는 아이들, 이런 게 뭐가 시냐고 말씀하셔도 시에 대한 관심을 불러일으키는 시작이라면 괜찮지 않을까 생각합니다. 아이들에게 수수께끼 시 몇 편을 들려주고, 정답을 맞춰보게 했습니다.

(2) 모둠별로 상의한 정답을 골든벨판에 적기

(3) "하나둘셋" 신호에 맞추어 골든벨판을 들어올리기

(4) 정답 공개하기

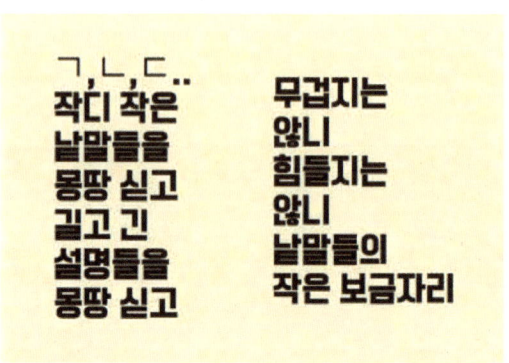

정답은 무엇일까요? 바로 '사전'입니다.

이렇게 일본의 초등학생들이 만든 수수께끼 시를 직접 풀어볼까요?

(정답 : 71p)

① 소낙비 오던 날
나를 감싸 안고
온몸으로 비를 막아주던
할머니 가슴뼈처럼
앙상하게
뼈대만 남은 네가
길가에 버려져 있다

② 저 무서운 여자가 나를 새빨간 용암에 빠뜨린다...
부글부글 용암이 끓는다...으악!뜨거워!나 좀 꺼내줘!
무서운 아이들이 쇠꼬챙이로 나를 찌른다..!으악!!
저 식인종 녀석들! 날 먹으려 해...!!~!
아아아아아아아아아아아악!

③ 나는 어디에도 갈 수 없기 때문에
위로 걷지
나는 어디에도 걸어갈 수 없기 때문에
부쩍부쩍
위로 위로 걸었고
그렇게 백년을 걸었지

④ 언제나 사람을 태워야 해
가끔 깨뜨려지거나 해서
사용되지 못하고 버려지게 되면,
쓰레기로 최악의 때를 겪기도 하지
때론 돌기도 하고
집에선 올라갔다 내려갔다
교실에선 딱딱해
아기용도
말랑말랑한 것도
다양한 형제들이 있지

⑤ 높은 곳으로부터 떨어질 때는
아찔하지만, 나는 태양이 싫어
물도 되고
수증기도 되어
또 떨어진 것에 되돌려지곤 하지
떨어져도
죽지 않고 또 올라가
또 떨어져!
이제(벌써) 지긋지긋하다
떨어진 것이 몇 번째인지도 기억에 안나!

⑥ 내 방에 있는
조그만 애완동물
귀를 잡아당겨
입을 벌리게 한 다음,
먹이를 넣으면
'드르륵 드르륵'

아이들과 액자책 메이킹북으로 수수께끼 시를 제시하고 뒷면에 정답을 적게 했습니다. 쉬는 시간 동안에도 친구들의 수수께끼 시를 보며 정답을 맞히려고 노력하는 모습을 보니, 수수께끼 시 수업을 하길 잘했구나 싶었습니다.

아래 시는 우리 반 주호가 쓴 시입니다. 정답을 맞춰 보실래요?

사람들이 나에게
일부로 다리 찢기 시키면
한번 할 때마다
목숨이 하나씩
잘려 나간다
나의 날카로운
이 면이 너무 싫다
나는 언제쯤
이 죄책감에서
벗어날까?

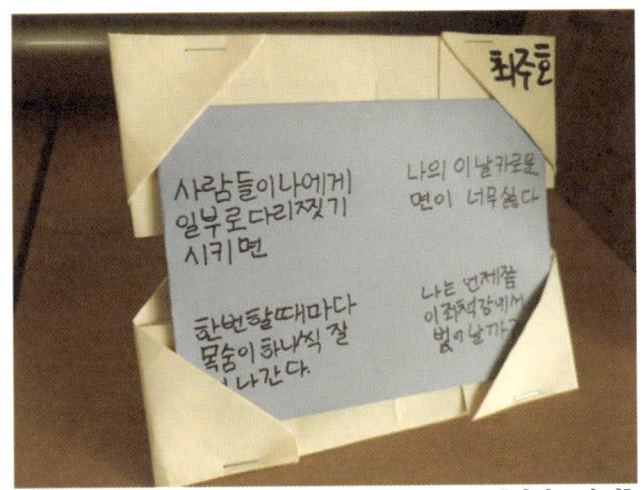

【정답 : 가위】

일본의 초등학생들이 만든 수수께끼 시의 정답

① 우산 ④ 의자

② 떡볶이 ⑤ 눈

③ 대나무 ⑥ 연필깎이

베스트4를 뽑을 땐 '문어발책' 만들기

"공부한 내용 중에서 베스트4를 뽑아 정리하게 할 때가 있습니다. 예를 들어 가장 가고 싶은 여행지를 꼽을 때, 가장 좋아하는 동물은? 가장 존경하는 위인은? 가장 재미있게 본 책은? 단원을 정리하며 가장 중요한 내용 4가지를 뽑을 때 등... 이럴 때 좀 더 활동적이면서도 아이들의 결과물을 공부가 끝난 후 쉬는 시간에도 서로 돌아보며 배움을 이어갈 수 있는 방법이 있을까요?"

1. 베스트4를 정할 때는 문어발책 만들기

　메이킹북 활동은 만드는 과정 자체도 미술 시간처럼 재미있고, 정리한 결과도 쉬는 시간 동안에 친구들 작품을 살펴보며 생각이 발전될 수 있어서 매력적인 참여수업이라고 생각합니다. 그중에서 가장 중요한 네 가지를 뽑을 때에는 '문어발책'을 권하고 싶습니다.

　(1) 준비물: 두꺼운 8절 색지, 네임펜 세트

　(2) 만드는 방법

　① 8절 색지를 준비하고 왼쪽에서 1.5cm 정도를 접는다.

② 접어놓은 남은 면을 가로로 두 번, 세로로 한번 접어 8등분이 되도록 한다.

③ 8등분한 색지의 아래쪽 선을 잘라 4개의 문어발을 만든다. 아울러 문어발의 중간에는 위아래 4cm 정도의 길이로 팝업될 선을 그린다.

④ 문어발의 팝업 부분 선을 자른다.

⑤ 팝업 시켜 나온 부분에 준비한 그림이나 사진을 붙인다.

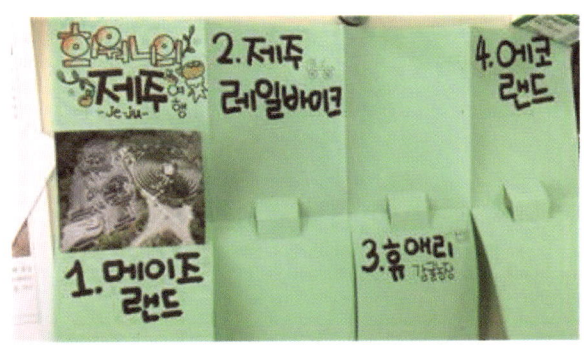

저는 제주도 수학 여행 때 갈 장소 8군데 사진을 주고, 그중 가장 기대가 되는 곳을 뽑게 했어요. 미리 우리가 가게 될 수학여행 장소 사진이나 그림을 팝업 부분에 풀로 붙이고, 문어발에는 뽑은 까닭을 적게 했습니다.

⑥ 처음 뒤로 접었던 부분 중 하단 문어발 쪽은 잘라내고, 위쪽 부분은 풀칠한다.

⑦ 풀칠한 부분을 안쪽으로 접어 문어 머리 부분을 완성한다.

창의적인 재모는 문어 머리 윗부분을 막아 기발한 문어발책을 만들기도 했지요.

문어발책 메이킹북 활동은 미술 수업과 연계해서 진행하는 것이 좋습니다. 자칫 예쁘게 만드는 게 목표가 되어버려 내용보다 꾸미는 데 더 많은 시간을 보내기 쉽기 때문입니다. 교과 시간을 활용할 때에는 바로 만들게 하기보다, 먼저 어떤 내용을 담을지 베스트4를 생각수첩에 적어오게 합니다. 그리고 미리 선생님과 의견을 나누고, 통과를 받은 아이들부터 작업을 시작합니다.

과자를 활용한 맛있는 공부시간

퀴즈 하나 낼게요.

'밀가루나 쌀가루 등에 설탕, 우유 따위를 섞어 굽거나 기름에 튀겨서 만든 음식. 주로 간식으로 먹는다.'

국어사전에 있는 뜻 그대로 읽어드렸습니다. 무엇일까요? 힌트! 엄마는 이걸 아이가 가까이 할까봐 정말 싫어하고, 아이들은 이걸 정말 좋아합니다. 정답은? 예, 맞습니다. '과자'랍니다.

대부분 교실에서는 과자를 먹지 않도록 약속되어 있습니다. 그런데, 허락받고 수업시간에 '과자'를 활용한다면 (물론 어쩌다 가끔입니다) 아이들의 반응은 어떨까요?

아이들이 좋아하는 '간식'을 수업에 활용하는 특별한 아이디어들, 궁금하지 않나요?"

1. 맛있고 즐거운 과자 활용 수업

뭐니 뭐니 해도 수업은 재미있어야 합니다. 하물며 대부분의 아이들이 지겨워하고 재미없어하는 수학 시간에도 무궁무진하게 아이디어를 활용할 수 있습니다. 재미있게 수학 놀이도 하고 끝나면 학생들과 나누어 먹는 즐거움이 있는 '과자'를 적절히 활용하는 수업, 벌써 기대되지 않나요?

수업을 개선하려고 할 때 중요한 것은 그 이유를 정확하게 분석해야 그에 맞는 해결책을 찾을 수 있다는 것입니다. 학생들이 내 수업에 대하여 재미없다고 말한다면 그 이유는 무엇일까요?

무엇보다 가장 큰 이유는 '수업 방법이 단조롭기 때문'일 것입니다. 강의식 수업에서 학생들이 선생님 설명에 집중할 수 있는 시간은 5분에서 20분 사이입니다. 대개 초등학교 저학년은 5분, 고학년은 10분, 중학생은 15분, 고등학생은 20분 정도입니다. 선생님이 아무리 설명을 재미있게 해도 20분이 넘어가면 학생들의 수업 집중도가 흐트러질 수밖에 없습니다. 이 경우 많은 교사들은 딴 이야기를 하거나 집중 신호를 하는 경우가 있습니다만, 수업 내용과 상관없는 다른 이야기나 집중 신호는 이를 사용할 당시에는 일시적으로 학생들의 집중도를 높일 수 있으나 본 수업 내용으로 돌아왔을 때 오히려 집중도가 더 떨어지게 되는 문제를 야기합니다.

첫째, 아이들의 흥미를 유발하여 창의성이 증진된다.

창의성은 특별한 사람의 유전자에 각인된 초자연적인 힘이 아니라 누구나 배우고 개선할 수 있는 능력입니다. 새로운 지식을 창출하는 창의력은 '재미'를 적극적으로 추구할 때 개발됩니다. 이 '재미'가 근면 성실을 뛰어넘는 가장 중요한 가치가 됩니다. 수업 시간에 미리 준비한 '과자'를 활용하면 아이들의 흥미는 어느 때보다 더욱 유발됩니다.

둘째, 학생들의 '자발적인 참여'를 유도할 수 있다.
아리스토텔레스는 '매일, 스스로 하는 것만이 사람을 변화시킨다'고 했습니다. 공부를 못하는 아이들마저 스스로 참여하게 만드는 수업의 매력이 바로 '과자' 활용수업입니다. 전날 저녁부터 준비한 과자를 부스럭거리며 다음 날 진행될 수업을 떠올리고 기뻐할 것입니다. 게다가 선생님께 허락받고 부모님께 허락받은 수업이니 더욱 그렇습니다.

셋째, 직접 구체물을 활용한 수업이라 더욱 오래 기억에 남는다.
송형호 선생님은 ABC 과자를 활용하여 영어 수업을 진행하곤 했다고 하셨습니다. 그냥 ABC를 칠판에 쓰며 따라 쓰도록 하는 교실보다 A과자를 하나 먹고 쓰며 "아, 이게 A였구나"라고 생각하는 교실의 수업은 어떻게 다를까요? 아마도 과자도 먹고 '영어 공부'도 하는 경험을 통해 더욱 오래오래 기억에 남는 수업을 하게 될 것입니다.

넷째, 협동 학습을 통한 상호작용으로 더욱 협력하여 수업에 참여하게 된다.
모둠 중심으로 이루어지는 협동학습을 통한 상호작용은 동료 간의 우정, 서로에 대한 적극적인 태도, 다른 사람에 대한 책임감, 타인에 대한 존경심을 가져옵니다. 모든 집단 구성원들이 집단의 학습목표를 달성하는데 다 같이 기여하기 때문에 각자는 상당한 성공 경험을 갖게 되고 이러한 성공 경험은 학습태도 및 학습동기를 높이게 됩니다.

2. '과자'를 활용한 수업의 실제 사례

과자를 활용한 수업은 크게 '과자 포장지'를 활용하는 수업과 '과자 내용물'을 활용하는 수업으로 나눌 수 있습니다.

(1) 포장지 그리기 미술수업

과자를 활용한 수업을 가장 먼저 하게 된 계기는 미술 시간, 과자봉지 그리기 수업이었습니다.

〈미술 - 4.관찰과 표현 - 과자봉지 그리기〉

맛있는 미술 시간이라고 광고했듯이 과자봉지를 실감나게 만들어보는 시간을 가졌다. 먼저 과자봉지 속의 과자를 비우고, 나누어준 A4용지에 올려놓게 했다. 그런 후에 TP용지를 각자 두 장씩 나누어주고, 유성매직으로 과자봉지를 자세히 관찰하여 베껴 그리게 했다. 너무 복잡한 부분은 조금 단순하게 할 수 있고, 필요하면 그림을 바꿔그려도 좋도록 했다.

열심히 과자를 먹으며 몰입해 만드는 모습이 즐겁다. 지현이의 나초 과자 그림은 실감나는 묘사가 돋보였고, 유현이의 땅콩 과자는 멀리서도 선명하게 보이는 색감이 좋았다.

- 2011년 5월 16일 월요일 미술

과자봉지를 그리기 전에는 어떤 디자인들이 담겨있는지 충분히 관찰을 하고,

① 과자 비우기

② 과자봉지 위에 TP용지 올리기

③ 유성매직으로 대고 그리고 색칠하기

④ TP용지 3면(양옆면, 아래) 스테플러로 찍기

⑤ 안에 화장지 넣기

⑥ TP용지 위쪽도 스테플러로 마무리하기 과정으로 제작하였습니다.

(2) 6학년 수업활용 사례

① '원기둥의 전개도' 프링글스 과자로 알아보기

프링글스 과자의 모양은 대표적인 원기둥 형태입니다. 원기둥의 전개도를 구체물로 구할 때 가장 좋은 아이디어라 생각해 프링글스 포장용기를 잘라 원기둥의 전개도 모양을 확인했습니다. 그런 후에 원기둥의 겉넓이를 구하게 하고 프링글스 과자를 맛보게 하니, 아이들의 반응이 이렇습니다.

온서   9. 17 오후 8:05
오늘 과자도 만들고 전개도도만들어보고 진짜 재미있었어요 오늘 제사진이 많이 나온것같아요
ㅎㅎ

정이 아이고 섬섬하다   9. 17 오후 8:12
프링글스가 좀 짜었어..
하지만 맛있음

온비   9. 17 오후 8:45
아하! 왜 교실에 프링글스가 있나 했네~

박형진   9. 17 오후 9:29
오늘 수학시간에 배웠던 원기둥의 전개도와 원기둥과 각기둥의차이점을 알기위해
원기둥인 프링글스를 사와주신 선생님께 감사해여~~

김효진 6학년 2반 54번 김효진   9. 17 오후 9:30
프링글스로 수업하는거재밌었으!!그리고 과자도맛있었어요 ㅎ

시윤 완전 귀여워   9. 17 오후 9:30
맛있는데 짜서 우유 원샷

② '원기둥과 원뿔' 미스원뿔 선발대회

'원뿔을 알 수 있어요.' 차시에서는 원뿔을 알고 원뿔 각 부분의 이름을 알아보는 공부를 하게 됩니다. 원뿔 모형을 활용할 수도 있지만, 구체물로 아이들이 좋아하는 꼬깔콘을 준비했습니다.

모둠별로 꼬깔콘을 열어 개인별로 가장 원뿔에 가까운 5개의 꼬깔콘을 고른 후, 모둠별로 가장 예쁜 3개의 꼬깔콘을 '진'과 '선', '미'로 뽑아 학습지에 정리합니다. 그런 후에 모둠별로 '진'을 가지고 나와 자랑하게 하고, 스티커로 투표하게

했습니다. 그런 후에 웅장한 행진곡과 함께 손가락에 우리 반 최고의 미스원뿔 꼬깔콘을 끼고 행진하게 했더니, 모두들 빵 터지며 즐거워했습니다. 그런 중에도 원뿔의 구성요소, 원뿔이 갖추어야 할 특징들을 잘 알게 되었습니다.

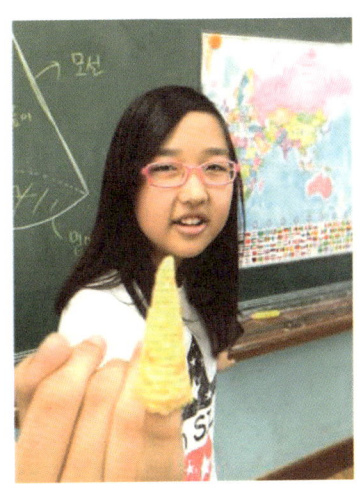

수학 6-2

3. 원기둥, 원뿔, 구
◆ 미스 원뿔 선발대회

교과서 80~81쪽/수익 47~50쪽

6학년 5반 번 이름 : _____

1. 밑면이 [   ] 이고, 옆면이 [   ] 면인 뿔모양의 입체도형을 원뿔이라고 합니다.

2.

3. 가지고 있는 고깔콘 중에서 '진'(1위), '선'(2위), '미'(3위)를 뽑아 높이와 모선 길이, 밑면 지름을 재어 기록하세요.

4. 내가 뽑은 미스 원뿔 선발대회
 (1) 진

❶높이:(   )cm
❷모선:(   )cm
❸밑면지름:
  (   ) cm
❹ 선발이유:
....

 (2) 선

❶높이:(   )cm
❷모선:(   )cm
❸밑면지름:
  (   ) cm
❹ 선발이유:
....

 (3) 미

❶높이:(   )cm
❷모선:(   )cm
❸밑면지름:
  (   ) cm
❹ 선발이유:
....

③ '직육면체의 부피' 가장 부피가 큰 과자를 찾아라!

포장 과자 160개로 만든 과자 뗏목 뉴스를 동기유발로 보여주고, 과대 포장된 과자의 부피를 구하는 프로젝트를 진행했습니다. 직육면체의 부피를 구하는 공식을 통해 과자상자의 부피를 구하고, **과자량의 부피/과자봉지X100**의 식을 통해 어떤 과자들이 과대 포장되었는지 알아보게 했습니다.

2014년 한 시민단체의 조사 결과, 과자봉지의 50%가 안 되는 과자 종류가 20봉지중 무려 17종이라고 합니다. 법적으로는 35%만 되어도 문제가 없다는 사실을 통해 사회, 생활 속의 법과 통합해 법에 대해서도 공부하는 시간을 가졌습니다.

수학 6-2	3. 겉넓이와 부피 ◆ 과자봉지의 부피를 구하라!

교과서 44~45쪽/수익 48~49쪽

6학년 반 (　　)모둠

1. 다음 □ 안에 알맞은 단어를 써넣으시오.

직육면체의 부피 = □ × □ × □
　　　　　　　 = □ × 높이

※ 다음 직육면체의 부피를 구하시오. (2~3)

2. (8cm, 4cm, 5cm)

식 :　　　　　　　답 :

3. (12cm, 5cm, 4cm)

식 :　　　　　　　답 :

4. 모둠별로 모여 과자상자의 부피를 구해 봅시다.

식 :　　　　　　　답 :

5. 과자를 쌓은 과자량의 부피를 구해 봅시다.

식 :　　　　　　　답 :

6. 과자상자의 부피와 과자량의 부피를 비교해 봅시다.

$$\frac{과자량의 부피}{과자상자의 부피} \times 100$$

= (　　　)%

④ 원기둥의 겉넓이와 부피 '초코파이와 오예스'로 원기둥의 부피구하기

이전 시간에 공부한 직사각형의 부피를 구하는 방법도 복습하고, 새로 원기둥의 부피를 구하는 방법도 복습할 수 있도록 '초코파이'와 '오예스'를 준비해 어떤 과자가 더 부피가 큰지 알아보는 수업을 진행했습니다.

사전에 3차시, 원기둥의 부피를 구하는 공식을 유도할 때에는 맛있는 소시지를 준비해 직접 잘라가며 구체물로 활용하였습니다.

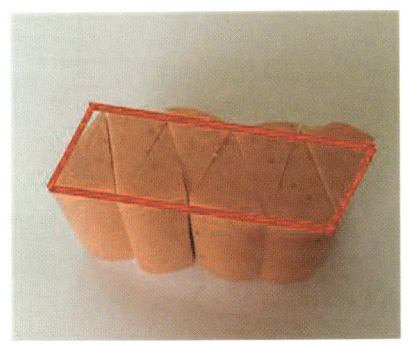 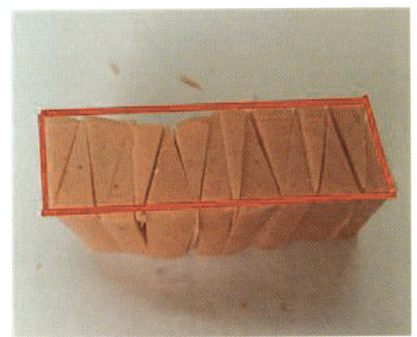

그리고 4차시 '원기둥의 부피'를 구하는 실습을 위해 '초코파이'와 '오예스'를 모둠별로 준비해 함께 부피를 구해보는 공부를 했습니다.

수학	단원	3. 원기둥의 부피	6학년 반 번
	초코파이VS오예스 무엇이 더 배부를까?		이름( )

1. 비슷한 도형을 찾아 봅시다.

'오예스'와 비슷한 도형	'초코파이'와 비슷한 도형

2. 도형의 부피를 구하는 공식을 떠올려 봅시다.

( )의 부피를 구하는 공식	( )의 부피를 구하는 공식

3. 오예스와 초코파이의 크기를 재어보고 부피를 구해봅시다.

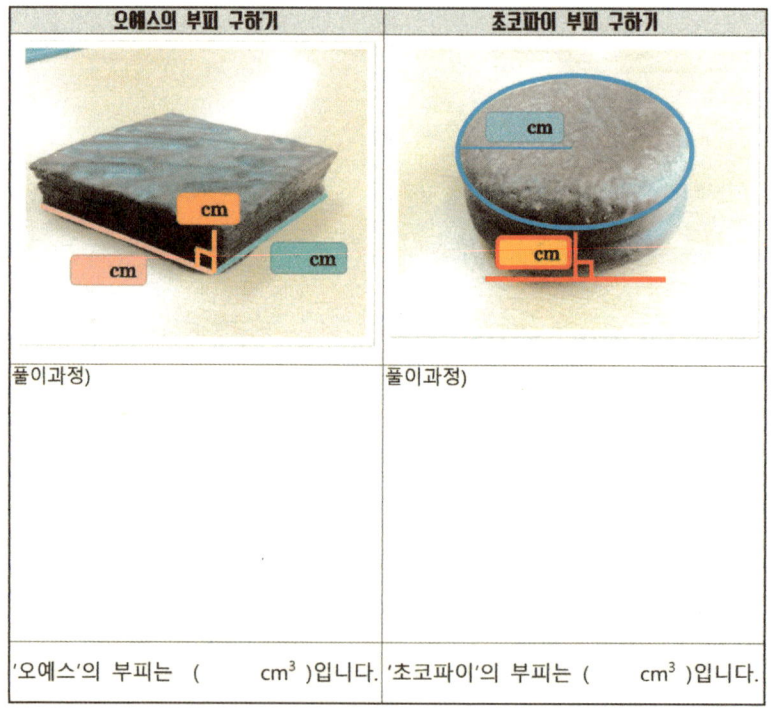

오예스의 부피 구하기	초코파이 부피 구하기
풀이과정)	풀이과정)
'오예스'의 부피는 (cm³)입니다.	'초코파이'의 부피는 (cm³)입니다.

실제로 아이들과 함께 구한 결과, 어떤 과자가 더 부피가 컸을까요? 보기와 같이 초코파이의 부피가 더 컸습니다. 그런데 실제 판매 가격은 오예스가 더 비싸다니 신기해 합니다. 아이들에게 왜 가격 차이가 날지 발문하니 더욱 재미있는 생각들이 쏟아졌습니다.

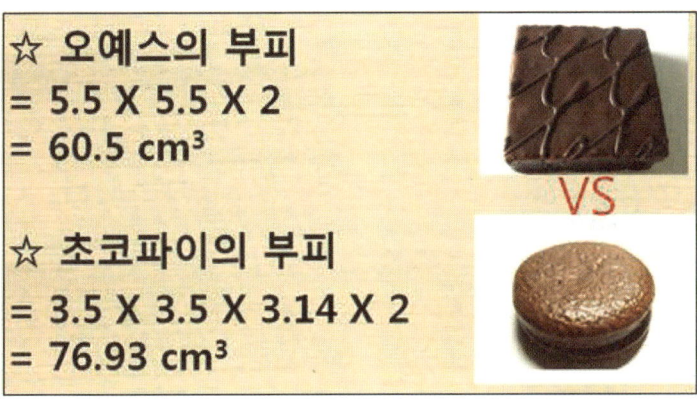

⑤ 방정식 '바코드의 비밀' 과자로 파헤치기

방정식 '미지수'를 도입하기 위해서 과자를 준비해 '바코드의 비밀을 찾아라!' 프로젝트를 진행했습니다. 바코드 안에 X라고 하는 미지수의 비밀이 숨어 있다는 것을 계산하면서 아이들은 무척 흥미진진하게 수업에 참여하였습니다.

 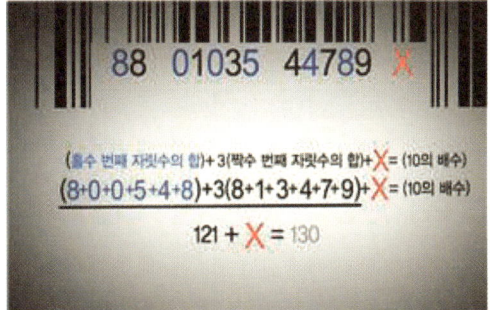

수학 6-2	6. 방정식 ◈ 바코드의 비밀을 알고, 미지수를 x로 나타낼 수 있어요

교과서 84~85 쪽/수익 92~ 93쪽

6학년   반   번 이름: _____

1. 가져온 과자의 바코드 모양을 살펴보고 그림과 숫자를 그려봅시다.

(내 과자 계산하기)

❷ (   )수번째 숫자들을 더해서 X3하기

(예시) (8+1+5+0+0+5)X3=57
(내 과자 계산하기)

2. 바코드 13자리 숫자중 첫 3자리 숫자는 (   )를 나타냅니다.

❸ (홀수번째 자릿수의 합)+3(짝수번째 자릿수의 합)+체크숫자=10의 배수

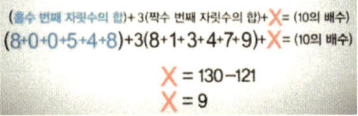

3. 바코드 13자리 숫자중 4~7번째 숫자는 (   )를 나타냅니다.

(내 과자의 체크숫자 계산하기)

(연습)6.축구공에 그려진 바코드숫자입니다. 마지막 체크숫자는 무엇일까요?

4. 바코드 13자리 숫자중 8~12번째의 다섯 개의 숫자는(   )를 나타냅니다.

5. 마지막 숫자는 앞의 숫자들이 맞는지 검증하는 (   )입니다. 이 숫자가 맞는지 확인하려면 다음과 같은 과정으로 계산하면 됩니다.

❶ (   )수번째 숫자들을 모두 더하기

(예시)8+0+0+1+0+7=16

✱ □안에 알맞은 말을 쓰시오.

○을 사용하여 나타낸 식 ○×3에서 ○ 대신에 기호 x×3으로 나타낼 수 있고, ○, △, x와 같이 아직 알고 있지 못한 어떤 수를 □ 라고 합니다.

⑥ 5학년 국어 '비교와 대조' 과자로 관찰하기

국어 교과서에는 대상의 특성에 따라 설명하는 방법 중에 '비교'와 '대조'에 대해 공부하는 내용이 나옵니다. 설명의 방법으로 '분석', '분류', '비교', '대조'를 소개하는데, '비교'는 두 가지 이상의 대상에서 공통점을 찾아 설명한 것, '대조'는 차이점을 찾아 설명하는 것이라고 소개합니다. 지도서에는 '악기의 종류'처럼 재미없는 예시가 소개되어 있는데, 이를 좀 더 활동적이면서도 재미있게 공부하려 할 때도 간식 먹방공부의 효과가 좋습니다. 예를 들어 초코파이와 오예스, 칸초와 홈런볼, 야채 크래커와 초코칩 등을 제시하여 글을 쓰게 하면 어떨까요? 〈5학년 선생님 밴드〉에서는 이미 여러 선생님들이 활발하게 아이디어를 내고 활동을 진행하셨습니다

3. 아주 특별한 날 '과자 파티' 전체 보상

반 아이들이 함께 즐거운 전체 보상으로 어떤 이벤트를 준비하시나요? 저 같은 경우는 한 학기에 한 번씩 컵라면 파티와 과자 파티를 준비합니다. 자주 하면 문제가 될 수 있지만, 딱 한 번 약속하고 하는 이벤트라 아이들의 반응은 더욱더 뜨겁습니다.

10여 년 전, 아이들이 과자 파티를 하자고 졸라 과자를 한 봉지씩 가져오라고 한 날, 뜻밖의 광경에 조금 놀랐습니다. 아이들은 과자를 사와 각자 한 봉지씩 먹고 있는 것이었습니다. 간혹 안 가져온 아이들은 뻘쭘하게 있기에 아이들에게 제안했습니다. '과자 파티'란 과자로 함께 즐거운 파티를 하자는 것인데, 혼자만 먹는다면 이게 어떻게 파티가 되겠냐고? 그런 후에 다음과 같은 방법으로 진행했습니다.

① 가운데 분단 책상을 모아 전지를 올려놓는다.
② 그 위에 아이들의 모든 과자를 모아 올려놓고, 봉지를 개봉한다.
③ 미리 준비한 접시를 한 사람씩 가지고 나와 5봉지 안에서 먹을 수 있을 만큼의 과자를 담아 가져간다.
④ 뒤에 선생님이 준비한 음료수는 종이컵에 마실 수 있을 만큼만 함께 가져간다.
⑤ 남는 과자들은 지퍼 백에 담아 동생이 있는 아이들 편으로 집에 보낸다.
⑥ 모둠별로 종이컵을 주어 바닥에 떨어진 부스러기 많이 모아오기 게임을 하여 뒷정리를 마무리한다.

〈2009년 11월4일(수) 2교시 '과자 파티'〉

지난번 학급온도계 퀴즈 결과대로 2교시 '과자 파티'를 시작했다. 지난번의 경험을 토대로 각자 한 봉지의 과자를 준비해오게 했고, 나는 어제 미리 음료수와 종이컵, 일회용 접시를 준비해 두었다. 그리고 가운데에 과자봉지를 열어 두었다.

먼저 수고를 가장 많이 한 2학기 회장, 부회장 진섭이와 재호, 신호, 다경이부터 다섯 봉지에서 과자를 꺼내 접시에 담아 먹도록 하고, 두 번째로 모둠 우선권을 쓴 재혁이네 5모둠이 나와 먹도록 했다. 그다음부터는 1모둠부터 차례대로 나오게 했다.

아이들의 행복한 표정들, 나까지 행복해지는 순간이다. 비록 과자가 가져오는 해악도 알고 있지만, 한 해 한번쯤은 괜찮을 것 같아 준비했는데, 즐거운 시간이었다. 각 모둠별로 종이컵을 하나씩 나누어주고, 모둠 아래 떨어진 과자 부스러기를 가장 많이 모아놓은 모둠부터 보상했더니 좋아한다. 덕분에 교실 바닥이 깨끗해졌다.

4. '과자를 활용한 수업'을 진행할 때 주의할 점

(1) 과자를 활용한 수업을 진행할 때에는 과자의 부작용에 대한 충분한 사전 지도가 뒤따라야 한다.

사실 학교에서, 그리고 가정에서 아이들이 그렇게 과자를 좋아함에도 주지 않는 것은 그만큼의 부작용이 있다는 것을 알기 때문입니다. '과자'를 활용하는 수업을 할 때는 아이들이 몰랐던 부분들에 대한 교육도 함께 따라와야 합니다.

빵에는 15%, 콜라에는 13%, 케첩에는 27%, 아이스크림에는 23~33%의 설탕이 들어 있습니다. 무가당 주스에는 비록 설탕은 아니지만 액상 포도당과 과당이 들어 있어 설탕과 같은 작용을 합니다. 과자, 양념 치킨, 소시지, 피자 등은 모두 단 음식입니다. 과자(100g)에는 각설탕 8개에 해당하는 단맛이, 양념치킨(100g)에는 각설탕 11개에 해당하는 단맛이, 피자(100g)에는 각설탕 9개에 해당하는 단맛이 숨어 있습니다.

커피, 껌, 과자, 라면, 소스 등 우리가 먹는 것 대부분에 설탕은 어떠한 형태로든 들어갑니다. 심지어 우리가 달다고 느끼지 못하는 음식, 짭조름한 맛의 스낵, 피클류, 인스턴트 식품에도 상당량의 설탕이 들어갑니다. 식품 포장 뒷면 재료명에 쓰여 있는 정백당, 액상 과당, 액상 포도당, 설탕 등은 모두 우리 몸에서 같은 작용을 합니다.

그래서 이 내용들을 담은 '과자 마녀를 조심해'라는 동화책을 소개드립니다. 아이들이 읽기 쉽고, 또 과자의 유해성에 대해 알게 되는 동화입니다.

(2) 남학생과 여학생에 대해 서로 다른 지도의 주안점을 적용한다.

여학생들의 경우 '학습 과제'에 우선순위를 두어 과자를 먹기보다는 과제를 수행하는데 집중을 하는 경향이 있습니다. 반면 남학생의 경우는 '과자를 먹는데' 더 집중하여서 과제를 소홀히 하거나 시간 안에 제출하지 못하는 경우가 발생하였습니다. 따라서 여학생들에게는 수행평가라는 부담보다는 즐겁게 과자를 먹으면서 과제를 수행할 수 있도록 지도하고, 남학생들에게는 진지하고 성실하게 과제를 수행할 수 있도록 지도하는 자세가 필요합니다.

(3) 마지막에는 모든 학생들이 고루 먹을 수 있도록 배려한다.

과자를 활용해 '경쟁'을 도입할 경우에는 자칫 과자를 준비해놓고도 먹어볼 기회를 가지지 못해 애태우는 아이들이 생길 수 있습니다. 혹시 경쟁적인 게임을 했다고 하더라도 마지막에는 모든 학생이 고루 먹을 수 있도록 배려하면 좋겠습니다.

(4) 개별학습보다는 '협동학습'을 유도한다.

과자를 활용해 수업을 할 때에는 모둠 아이들의 수준을 고려하여 지도해야 합니다. 과자를 활용한 수업에는 평소에 수업에 관심이 없던, 비교적 학습능력이 떨어지는 아이들도 과자에 대한 또 다른 관심으로 수업에 참여합니다. 이런 작은 관심의 시작을 개별학습으로 마무리하면, 아이들은 다시 수업에서 멀어집니다. 그저 과자를 먹는 것에만 집중하고 자기 자리로 돌아갈 수 있습니다. 개별학습은 학습 활동이 주로 모둠 단위로 이루어지다 보니까 모둠 속에 개인이 숨는 경우가 발생합니다. 그리하여 '무임 승차자'나 '일벌레' 내지 '방해꾼'이 나타나는 경우가 생깁니다. '무임 승차자'란 자신은 전혀 공동 작업을 하지 않았으면서도 모둠 점수를 덩달아 받는 사람입니다.

과자를 활용한 수업 속에서 '무임 승차자'를 없애려면, 구성원간의 협동을 중시하면서도 동시에 구성원 개인에 대한 책임을 분명히 해야 합니다. 개인적인 책임(책무성)이란 학습과정에 있어서 집단 속에 자신을 감추는 일이 없도록 개인에 대한 구체적인 역할을 제시하고 그에 대한 책임을 묻는 것입니다. 예컨대 자신의 역할을 제대로 수행하지 않으면 그 다음 단계로 넘어가지 못하게 할 필요가 있습니다. 그 아이들에게도 최소한의 역할을 주고, 그 역할을 다 했을 때 과자를 먹게 해야 합니다. 개인의 역할에 따라 그에 대한 분명한 책임을 지도록 해야 합니다.

(5) 서로 다른 종류의 과자를 준비하도록 미리 지도한다.

과자를 활용하는 수업을 진행할 때에 모둠에서 같은 종류의 과자를 사오는 경우가 많습니다. 수업 전에 미리 모둠을 구성하고, 서로 다른 종류의 과자를 갖고 오도록 주의를 줄 필요가 있습니다.

31 놀이 현수막으로 쉽게 수업놀이 시작하기

 '허쌤의 수업놀이' 책을 읽고 난 독자에게서 '짬짬이 교실놀이' 책에 비해 읽고 따라 하기가 어려웠다는 이야기를 전해 들었습니다. '짬짬이 교실놀이' 책의 내용은 사실 그대로 따라 해도 되지만, '허쌤의 수업놀이'는 일단 수업놀이 방법을 익힌 후에 적절한 교과 수업 장면에서 필요한 놀이를 떠올려 적용해야 해서 교사들의 노력이 더 필요하기 때문이 아닐까 생각했습니다. 그런 고민 끝에 무조건 교실에서 따라 해도 좋은 수업놀이, 그리고 여러 번 해도 아이들이 즐거워할 수업놀이를 세 가지만 꼽아 직접 가로 1미터, 세로 1미터 길이의 현수막으로 만들었습니다. 그리고 여러 수업 장면에서 동기유발로, 정리하면서 칠판에 펼쳐 붙이고 활용해 보았습니다. 일단 따로 컴퓨터를 켜지 않고도 아무 때나 아이들과 즐겁게 활용할 수 있어서 좋았습니다. 절친 옥이샘에게 부탁해 더욱 예쁜 캐릭터로 만들었고, 여러 교실에서도 활용할 수 있도록 아이스크림몰의 제품으로 만들 수 있었습니다.

1. 교실 놀이 현수막의 장점

 교실 놀이 현수막은 100cm X 80cm 크기로 만들어진 수업 교구입니다. 언제든지 칠판에 붙여 쉽게 수업놀이를 시작할 수 있도록 만들어졌습니다. 교실 놀이 현수막을 사용할 때의 좋은 점은

 (1) 칠판에 쉽게 붙여 활용할 수 있다.

현수막 4면의 양끝 천속에 자석이 부착되어 있어 바로 칠판에 붙이고 활용할 수 있습니다. 사용하지 않을 때는 4개의 자석만 모아 붙이면 쉽게 접을 수 있어 적은 공간을 차지합니다.

(2) 예쁜 자석 캐릭터 말판으로 눈길을 끌 수 있다.

포맥스 자석으로 된 캐릭터 자석은 칠판에 부착된 교실놀이 현수막 위에도 잘 붙습니다. 이 캐릭터 자석을 옮겨 승패를 표시해서 교실 끝에서도 한눈에 알아보기 쉽습니다.

(3) 현수막을 사용한 후에는 전용 가방에 넣어 보관할 수 있다.

학생들과 즐겁게 칠판에 붙여 교실놀이 현수막을 사용한 후에는 잘 접어서 전용 가방에 보관할 수 있어서 오래오래 수업 때마다 활용할 수 있습니다.

2. 놀이 현수막 활용 수업놀이 베스트3

'허쌤의 수업놀이' 책에 소개한 수많은 놀이들 중에서 처음 수업놀이를 시작하고 싶은 선생님께 3가지 수업놀이를 꼽자면 무엇이 좋을까? 고민하고 고민했습니다. 수업놀이에 대해 전혀 알지 못하는 분들을 만나 강의할 때마다 도움이 되는 놀이가 무엇인지 물어봐서 이건 현수막으로 만들어져도 좋겠다는 놀이를 세 가지 뽑았습니다. 바로 '협동 OX퀴즈'와 '5단계 OX퀴즈', 그리고 'OX빙고 게임' 입니다.

(1) 협동 OX퀴즈

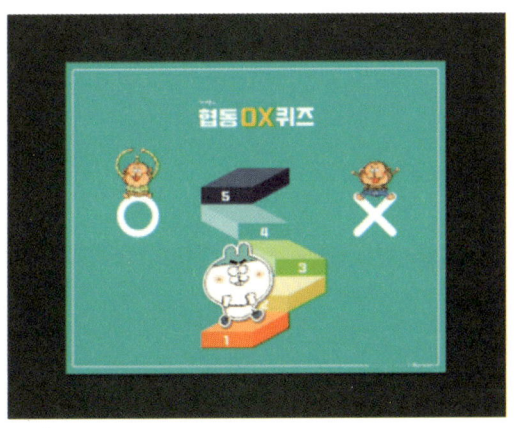

기존의 OX퀴즈는 처음 시작은 재미있지만, 치명적인 단점이 있습니다. 점점 탈락한 아이들이 늘어갈수록 교실 분위기가 시끄러워지기 쉽습니다. 당연히 선생님의 목소리도 더 커지다 보면, 탈락한 아이들의 시끄러운 태도에 화가 나신 선생님의 험악한 분위기가 이어지곤 합니다.

'협동 OX퀴즈'는 그러한 단점을 보완한 색다른 OX퀴즈입니다. 공부한 내용 중에서 선생님이 문제를 내면, 학생들은 친구들과 자유롭게 문제에 대한 의견을 교환하며 서로 정답이 무엇인지 토의할 수 있습니다. 20초 정도 시간이 지나면,

선생님은 "하나둘셋"이라고 외칩니다. 이때 아이들은 동시에 손으로 O나 X를 표시하는데, 중간에 다른 친구들을 보고 바꿔도 됩니다.

다수결로 더 많은 아이들이 표시한 답이 우리 반의 답으로 인정되어 정답이 맞으면, 계단을 한 칸 한 칸 올라갈 수 있습니다. 다섯 번째 계단에 오르면, 급식 자율배식, 원하는 친구들과 자리 바꾸기 등 미리 약속한 공동의 보상을 얻게 됩니다. 10문제를 준비했을 때에는 숫자와 계단 모두 더해 10개의 계단으로 올라가도록 진행하면 됩니다.

(2) 5단계 OX퀴즈

기존의 OX퀴즈가 가진 큰 단점은 틀리면 탈락해서 떠들기 시작한다는 것입니다. 5단계 OX퀴즈는 문제를 풀어나갈 때 바로 정답을 확인하지 않습니다. 가장 위쪽 1단계부터 눈으로만 문제의 답을 O나 X로 풉니다. 그렇게 아래로 내려가며 5개의 문제를 풀어 맨 마지막에 도착한 번호를 포스트잇에 적습니다. 그런 후에 교사의 "하나둘셋" 신호와 함께 포스트잇을 손바닥에 붙여 들어 올립니다. 아이들과 조금 친해진 후에는 이마에 붙이게 해도 재미있습니다.

5단계 OX퀴즈의 또 다른 장점은 아이들과 하나하나 정답을 확인할 수 있다는 점입니다. 정답을 발표하면 아이들이 떠들던 OX퀴즈와 달리 1번부터 다시 하나하나 정답이 왜 O인지, X인지 이야기 나누며 정답을 확인할 수 있는 유쾌한 수업놀이입니다.

(3) OX빙고 게임

OX빙고 게임을 하려면 먼저 교실의 아이들을 남자 대 여자, 또는 짝수 대 홀수 팀 등 두 팀으로 나누어야 합니다. 그런 후에 선생님이 문제를 내고, 문제를 맞힌 팀에서는 해당하는 문제 번호 칸에 자기 팀 캐릭터를 붙일 수 있습니다.

예를 들어 교실의 아이들을 홀수 팀과 짝수 팀으로 나누고, 각 팀의 캐릭터를 정하게 합니다.

10개   10개

  1번 문제를 교사가 불러주면, 먼저 "정답"이라고 외친 팀 아이가 문제의 정답에 도전합니다. 만약 그 문제의 정답을 맞혔다면, 빙고 칸의 1번 번호 위에 자기 팀 캐릭터 자석을 올려놓을 수 있습니다. 정답을 맞힌 아이는 풀고 싶은 다음 문제 번호를 선택할 권한까지 가지게 됩니다. 이렇게 9개의 문제를 풀 때마다 자기 편 캐릭터 자석을 붙여 먼저 가로나 세로, 대각선으로 한 줄이 이어지면 '빙고'가 완성되어 이기게 됩니다.

  때로는 '선생님을 이겨라!' 게임으로 변형하여 진행해도 재미있습니다. 만약 6모둠이라면 모둠이 함께 상의하여 골든벨 판에 정답을 쓰고, 교사의 "하나둘셋" 신호에 맞추어 골든벨 판을 들어 올립니다. 이때 3모둠 이상, 즉 과반수 이상의 모둠이 맞히면 아이들의 캐릭터 자석을 그 번호에 붙입니다. 만약 다 틀리거나 1~2모둠만 맞추었다면 선생님의 승리, 그 칸에 선생님이 고른 캐릭터 자석을 붙일 수 있습니다.

  매번 칠판에 그리거나 플래시 자료를 쓰느라 컴퓨터 앞에 매달려 수업하기보다 언제든지 꺼내 활용하기 쉽습니다. 무엇보다 학습에서 소외되기 쉬운 학생이나 지나친 승부욕을 보이는 아이들을 칠판 앞으로 불러 놀이판에 자석들을 붙이게 하면 자기 역할이 생겨서 더욱 열심히 참여하는 아이들 모습에 웃음짓게 될 것입니다.

삼각형 직소퍼즐로 복습하기

공부한 내용을 문제와 답으로 나누어 복습하면, 학생들의 메타인지가 개발됩니다. 공부한 내용을 복습하는 여러 가지 방법 중에서도 타지아(Tarsia) 프로그램이나 삼각형 직소퍼즐을 활용하면, 모둠간의 협력을 통해 공부한 내용을 서로 묻고 답하며 정리할 수 있어서 아이들도 재미있어 하고, 복습에도 효과적입니다.

1. 타지아(Tarsia) 프로그램 활용하기

타지아(Tarsia) 프로그램은 문제들과 정답을 삼각형의 각 변에 배치하여 서로 짝이 맞는 것끼리 붙여 원래의 모양을 만들도록 하는 재미있는 참여수업입니다. 게임 형태로 수업을 진행할 수 있어서 좋습니다. 게다가 아주 손쉽게 만들 수 있으며, 프로그램도 무료로 공개되어 있어서 쉽게 구할 수 있습니다.

링크 주소 : http://www.mmlsoft.com/index.php/products/tarsia

(1) 타지아(Tarsia) 프로그램을 설치하면, 다양한 모양을 선택할 수 있다. 아래에 나오는 그림 중의 하나를 선택한다.

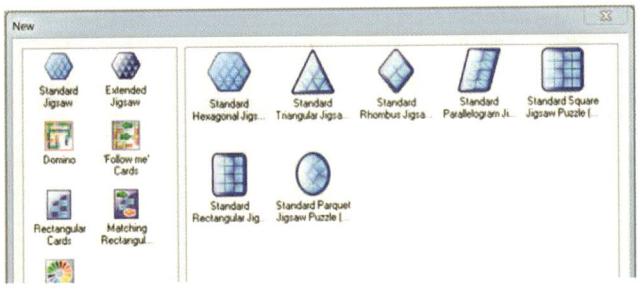

(2) 도형을 고르고 난 후에는 문제를 입력한다. 위쪽에는 문제를, 아래쪽에는 정답을 입력하면 된다. 조각의 수만큼 인쇄되니, 왼쪽 문제 수만큼 입력하는 것이 좋다.

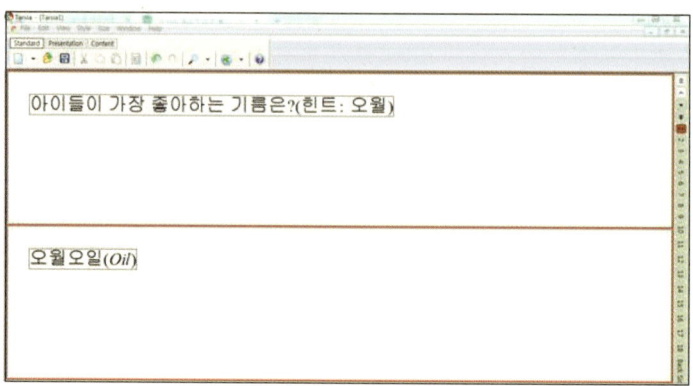

(3) 하단에 있는 Table 탭을 누르면, 입력했던 문제와 답을 확인할 수 있다.

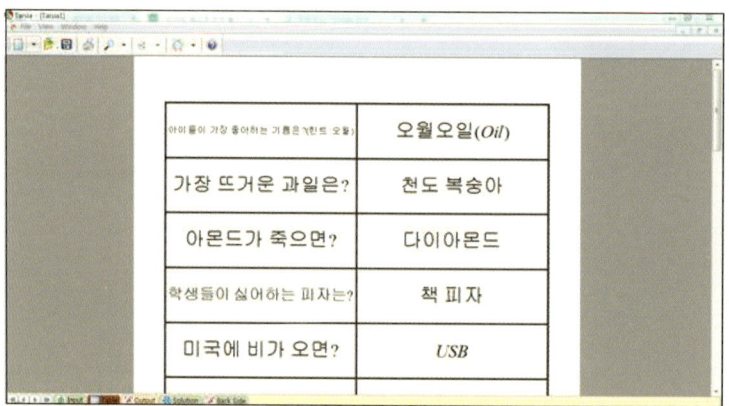

(4) 하단에 있는 Output 탭을 클릭하면, 출력될 모습을 미리 확인할 수 있다. 무작위로 섞여 배치된 모습으로 인쇄할 수 있어서 편리하다.

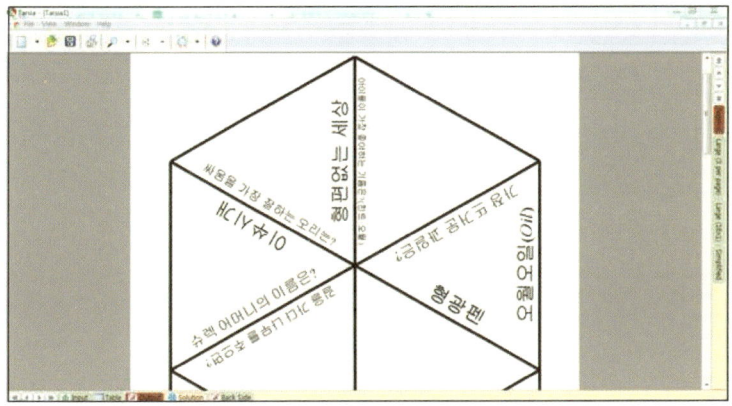

(5) 이제 모둠 수만큼 인쇄한 후에 모둠별로 나누어 준다. 모둠에서 토의하여 서로 맞닿은 부분에 문제와 답이 서로 마주보게 접하도록 퍼즐을 맞추어야 한다. 나중에 정답이 맞았는지 확인할 수 있도록 미리 정답지를 인쇄해 놓으면 된다.

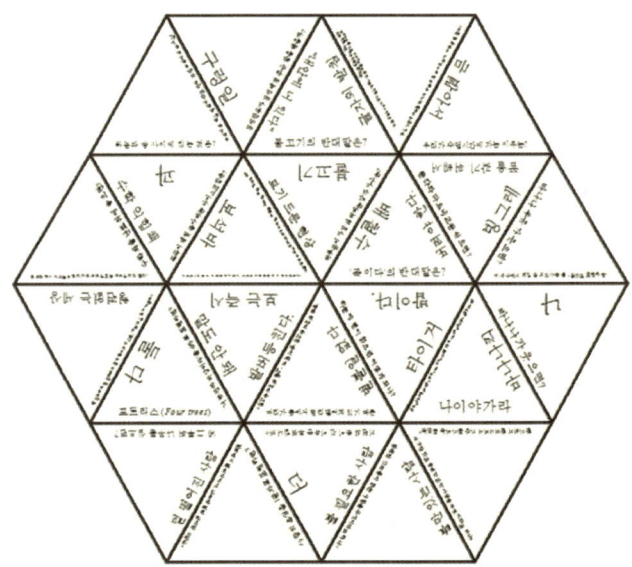

삼각형 직소퍼즐로 복습하기 · 105

2. 김정식 선생님의 삼각형 직소퍼즐 활용하기

삼각형 직소퍼즐 프로그램은 타지아(Tarsia) 프로그램을 보고 좀 더 활용하기 쉽게 이천중학교 김정식 수석 선생님께서 만드신 자료입니다. 간단히 영어나 한자 단어를 가지고 만들 수도 있고, 복잡한 주관식 문제를 가지고도 만들 수 있습니다. 중국어, 일본어, 영어까지도 지원합니다.

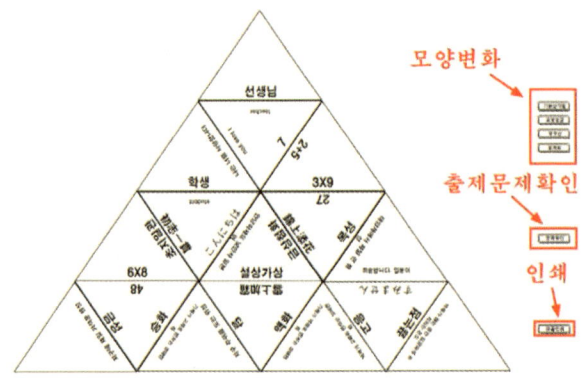

(1) 먼저 싸이언스러브닷컴 (http://sciencelove.com)에서 삼각형 직소퍼즐 프로그램을 다운로드받는다.

(2) 다운받은 프로그램 압축을 풀고 data.txt를 열어 18문제를 출제하면 된다. 그럼 같은 문제를 가지고 4가지 모양을 만들 수 있다.

단 로봇 얼굴과 우주선은 16문제만 사용하므로 기본 삼각형과 로켓을 만들게 된 학생들은 17, 18번 문제 2문제를 더 맞춰야 한다. 따라서 17번, 18번 문제는 쉽게 내주는 것이 좋다.

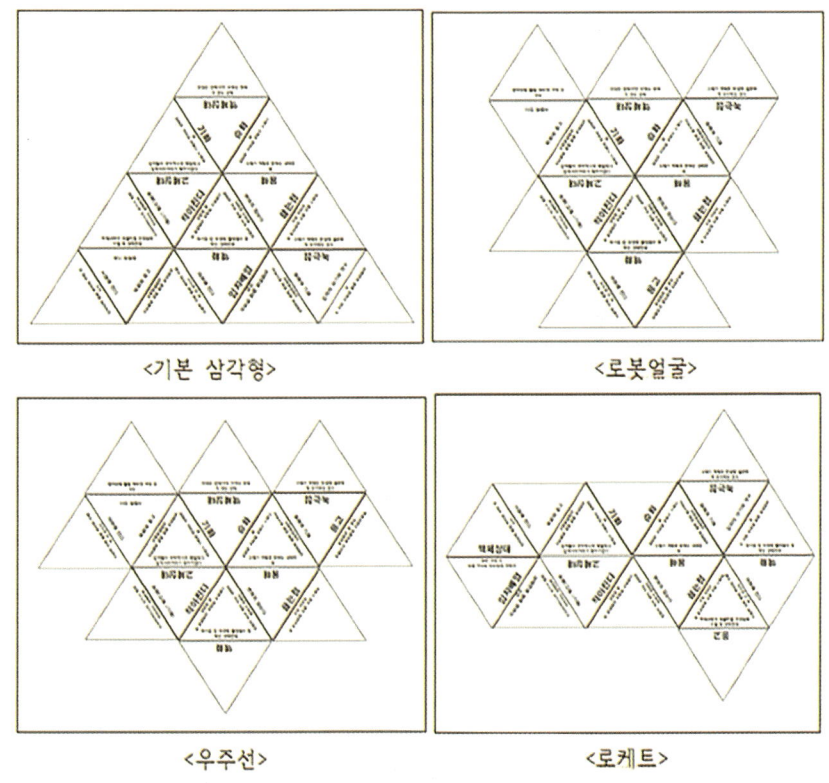

<기본 삼각형>   <로봇얼굴>

<우주선>   <로케트>

(3) 기본 삼각형을 선택하고 인쇄하면 기본 삼각형을 만들 수 있는 퍼즐 문제가 육각형 모양으로 출력된다. 문제는 뒤죽박죽 섞여서 나오기 때문에 학생들은 퍼즐 문제를 삼각형 모양으로 잘라서 문제와 답이 만나게 서로 붙여 나가야 한다. 그럼 기본 삼각형 모양이 만들어진다.

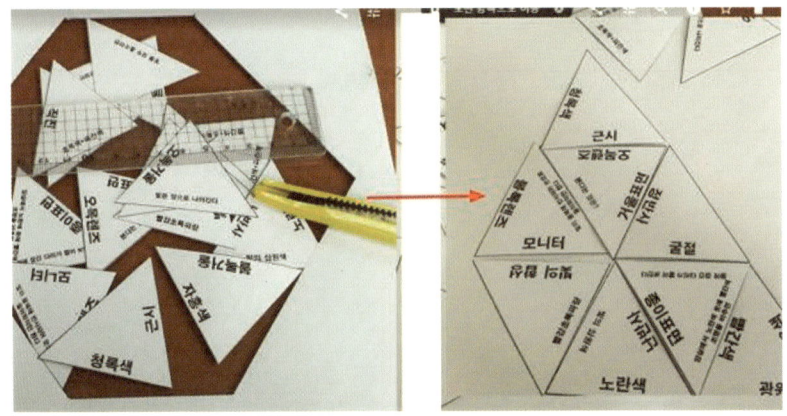

(4) 문제 출제는 data.txt 를 메모장으로 열어 1줄에 1문제씩 문제와 답을 쉼표로 구분해서 적어주면 된다. 엔터를 쳐서 다음 줄에 다음 문제를 적는 식으로, 18줄에 18문제를 출제하고 저장하면 된다.

3. 삼각형 직소퍼즐을 활용한 수업시 유의할 점

(1) 더 많은 문제를 출제하여 복잡하게 만들 수도 있겠지만 1시간 활동하는 데는 18문제 정도가 적당합니다. 퍼즐을 풀고 나면 나머지 시간은 관련된 그림을 그리거나 완성된 활동지를 꾸미는 시간을 갖게 하면 좋습니다.

(2) 미리 한글에 주관식으로 만들어 놓은 문제가 있다면 메모장에 복사해서 붙여 넣고, 저장해서 사용하면 문제를 쉽게 만들어 사용할 수 있습니다.

문제가 제대로 입력되었는지는 '문제 확인' 버튼을 눌러 확인 가능합니다. '문제 확인' 버튼을 누르면 18문제가 아래 그림처럼 보이게 되고, 이 곳에 문제가 제대로 나타나지 않으면 같은 폴더에 있는 data.txt 내용을 다시 수정해야 합니다.

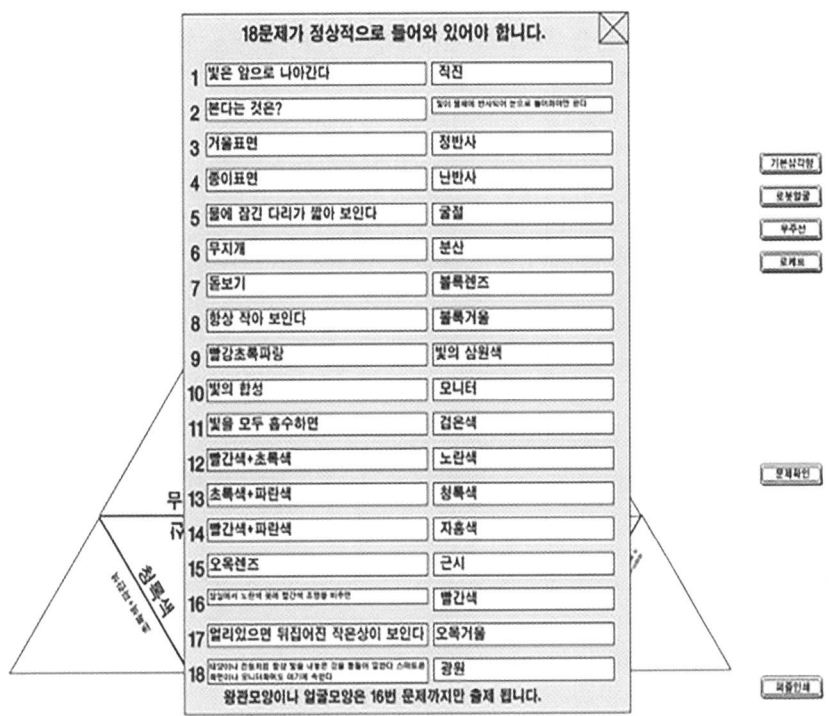

33 학습상자로 혼자 복습하기

아이들이 공부를 할 때 스트레스를 받는 가장 큰 이유가 무엇일까요? 아마도 억지로 하는 '암기'가 아닐까요? 암기 중에서도 '영어단어 암기'는 초등학생뿐만 아니라 중학생, 고등학생, 대학생, 심지어는 직장에 다니는 성인들까지 가장 큰 고민거리가 아닐까 생각합니다.

억지로 암기해야 하는 상황에서 뇌가 스트레스를 받으면, 두뇌 기능은 스트레스에 민감하게 반응합니다. 스트레스를 받으면 인체 내에 코르티솔(Cortisol) 수치가 높아지는데 이는 뇌의 기억력 센터로 불리는 해마의 정상적인 작동에 필요한 포도당을 빼앗아 손상시키는 것으로 알려져 있습니다. 때문에 2주 정도만 스트레스를 지속적으로 받아도 뇌세포 연결이 망가질 수 있다고 합니다. 스트레스에 의해 코르티솔이 분비되면 뇌의 혈당 공급을 방해하고 그로 인해 칼슘을 과다하게 공급함으로서 뇌의 해마 조직을 파괴시키고 뇌신경망의 통로(bus)를 차단하게 되어 기억 자체를 검색할 수 없게 되는 것입니다.

1. 공부의 기본은 암기, 암기의 기본은 반복!

일본 동경대 뇌과학 관련 교수인 해마 전문가 이케가야 유지의 '뇌를 속이는 시험공부'라는 책에는 스와힐리어 단어 40개를 외우는 실험이 나와 있습니다.

실험을 위해 이케가야 유지 교수는 반 아이들을 네 그룹으로 나누고 각기 다른 암기법을 사용하도록 했습니다. 처음에는 모든 그룹이 일단 40개의 단어 목록을 한번 공부합니다. 그런 직후에 시험을 보게 됩니다. 모르는 단어를 무려 40개나 외우는 것은 사실 불가능합니다. 만점자가 하나도 없는 테스트 후, 네 모둠으로 나누어 대응법을 알아봤습니다.

	다시 외우는 단어	시험 보는 단어
1모둠	모든 단어	모든 단어
2모둠	틀린 단어만 외우기	모든 단어
3모둠	모든 단어	틀린 단어만
4모둠	틀린 단어만	틀린 단어만

[1모둠]

만점을 받지 못하면 다시 40개 목록을 처음부터 끝까지 복습하고 다시 한 번 40문제 시험에 도전한다. 그래도 만점을 받지 못하면, 다시 40개의 단어를 보고 또 시험을 본다.

[2모둠]

모든 문제를 매번 복습하는 것은 번거롭기 때문에 시험에서 '틀린 단어'만 복습하고, 40문제 시험후 다시 도전한다.

[3모둠]

3모둠은 2모둠과 반대로 복습을 40개 단어 전부 제대로 진행한다. 하지만 시험은 틀린 문제만 다시 본다. 또 틀린 문제가 나오면 다시 처음부터 복습을 하고, 방금 틀린 문제만을 다시 시험 본다. 이렇게 해서 모든 문제를 맞힐 때까지 반복한다.

> [4모둠]
> 마지막 4모둠은 가장 일반적으로 우리가 활용하는 암기 방법이다. 틀린 문제만 복습을 하고, 틀린 문제만 재시험을 보면 된다. 학교나 학원에서 가장 많이 활용하는 방법이기도 하다.

자, 이 네 모둠 중에서 가장 빨리 주어진 단어를 외운 팀은 과연 어디일까요? 놀랍게도 모든 모둠 사이의 차이는 거의 없었습니다. 다 외우기까지 걸린 반복 시험 횟수는 같았습니다. 그런데 1주일 뒤 같은 시험을 보니, 의외로 큰 점수 차이가 발생했습니다.

[1모둠과 2모둠]은 약 80점, [3모둠과 4모둠]은 거의 35점 밖에 받지 못했습니다. 무려 두 배 이상의 점수 차이가 난 것입니다. 왜 이런 결과가 나왔을까요?

뇌에는 입력과 출력이 있습니다. 암기해야 할 단어를 깊이 새기며 외우는 행위를 입력이라고 할 때, 모아둔 정보를 근거로 문제를 푸는 행위를 출력이라고 합니다. **기억력을 높이기 위해서는 출력(시험)을 열심히 하는 편이 좋습니다.** 뇌는 압도적으로 입력보다 출력을 더 중요하게 생각합니다. 교과서나 참고서만 가지고 계속 공부하는 것보다 문제집을 계속 풀면서 공부하는 것이 효과적이라는 것입니다. 외어야할 단어만 계속 쳐다보는 것보다 단어카드를 만들어 앞면에 문제, 뒷면에 답을 적고 외어가며 공부하는 것이 더욱 효과적인 이유입니다.

2. 학습카드 페이션스 게임으로 고난도 공부 해결하기

라이트너는 '공부의 비결'이라는 책에서 외교관의 암기법에서 얻은 학습법을 소개했습니다. **리셉션에서 30명의 낯선 사람을 줄줄이 소개받는 외교관은 어떻게 그 사람들의 이름을 기억할까요?** 아마도 저나 이름 외우기 어려워하는 몇 분은 몇 명 이름을 외우려 하다 포기할지 모릅니다. 하지만 생각해보면 새 학기가 될 때마다 우리들도 외교관처럼 30명 가량의 새로운 아이들을 소개받고 이름을 외우려 노력할 때가 있지 않습니까?

새 학기 초, 저는 아이들을 칠판 앞에 세우고, 머리 위 칠판에 이름을 쓴 다음에 휴대전화로 찍습니다. 그런 후에 집에 돌아와서도 한명 한명 이름을 외울 때마다 이름을 지워가며 외우고 있습니다. 그리고 하루 종일 틈틈이 아이들 이름을 외우러 온 마음을 다해 노력하는 편입니다.

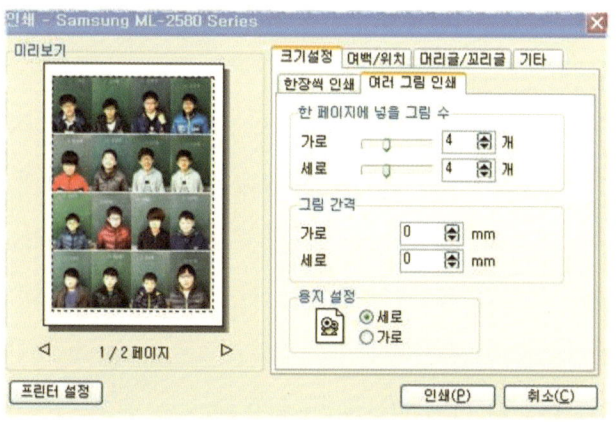

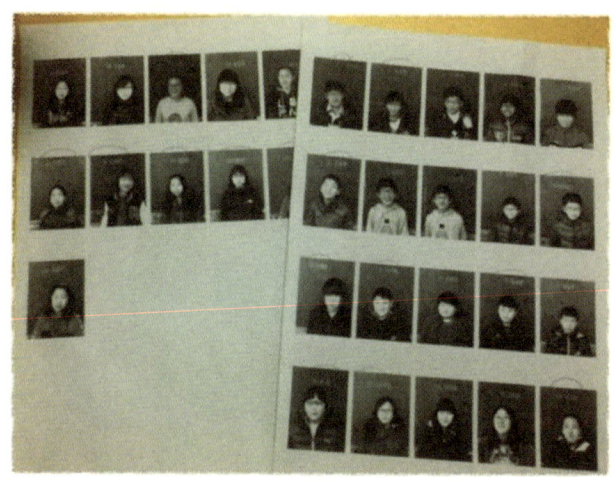

　19세기 미국의 강철왕 카네기는 새로운 사람을 사귈 때 가장 필요한 세 가지 인간관계 비법으로 ① **관심 가지기** ② **먼저 인사하기** ③ **이름 외우기**를 꼽았습니다.

　카네기 인간관계론 네 번째 원칙은 바로 "우리는 우리에게 관심을 갖는 사람에게 관심을 갖는다."라고 합니다. 정말 그렇습니다. 새로운 아이들을 만나면, 마음을 표현하는 아이들에게 더 마음이 갑니다. 만나고 겨우 둘째 날인데, 아침에 들어오는 아이들 이름을 하나하나 불러주며, 먼저 인사를 했을 때 그 놀라워하는 표정이란!

시간이 별로 주어지지 않은 리셉션에서 외교관이 문제를 해결하는 가장 쉬운 방법은 공부할 양을 최소한으로 줄이는 것입니다. 그런 다음 한 단계씩 늘려나가는 것입니다. **노련한 외교관들은 이럴 때 한 번에 세 사람씩하고만 대화를 나누고 대화 중에 그들의 이름을 하나씩 부르는 방식으로 문제에 접근합니다.** 외교관은 이제 암기와 차별화라는 과정을 네 번째, 다섯 번째 사람에게로 확장합니다. 이렇게 해서 그는 하루 저녁 동안 리셉션의 모든 손님들 이름을 외웁니다. 공부할 내용을 작은 단위로 쪼개면 학습 성과에 큰 도움이 된다는 것을 그는 본능적으로 알고 있습니다. 그런 다음 하나씩 배워나가면 됩니다.

암기가 필요한 어려운 내용을 공부할 때 외교관이 사용한 방법을 좀 더 체계적으로 정교하게 만든 '공부 페이션스 게임'을 활용해 보세요.

학습카드 상자의 첫 번째 칸에서 전화번호 카드 30개를 꺼내는 것으로 이 게임을 시작합니다. 카드 세 개를 이름이 써진 쪽을 위로 가게 해서 책상에 나란히 놓습니다. 전화번호가 써진 뒷면은 감추어져 있습니다. 이제 학생은 맨 왼쪽 카드를 뒤집어서 번호를 읽고 암기해봅니다. 그 카드를 이 줄의 반대쪽 끝에 놓고는 카드 세 개를 모두 왼쪽으로 한 칸씩 밉니다. 그러면 카드들은 아까처럼 놓여 있지만 순서는 바뀝니다. 학생은 똑같은 방식으로 지금은 맨 왼쪽에 놓여 있는 두 번째 카드를 봅니다. 세 개의 전화번호 중에 하나를 완전히 기억할 때까지 그 과정을 반복합니다. 만약 이름만 보고도 전화번호가 완벽하게 떠오르게 되면, 이 카드는 이 줄의 오른쪽에 놓는 것이 아니라 그 위층, 새로 만드는 둘째 줄의 첫 번째 카드 위치로 올려놓습니다. 첫째 줄의 오른쪽 끝에 네 번째 전화번호가 써진 네 번째 카드를 놓습니다. 다시 카드 세 장이 나란히 놓여 있습니다. 둘째 줄에 카드 다섯 장이 모일 때까지 계속 암기를 위해 노력합니다.

이제 요점을 이해했을 것입니다. 첫째 줄의 카드를 다시 뒤집는 과정에서 둘째 줄에 여섯 번째 카드가 생기면, 학생은 둘째 줄의 가장 왼쪽에 놓인 카드를 확인해서 그것을 치워버려야 합니다. 확인해보니 그 전화번호를 아직도 기억하고 있습니다. 그렇다면 그 카드를 다시 한 층 위로 올려서, 그 다음에 오는 셋째 줄의 초석을 삼습니다. 아니라면 그 카드는 다시 첫째 줄의 오른쪽 끝으로 돌아옵니다. 남아 있는 카드들, 점점 수가 줄어드는 카드들을 가지고 마지막 전화번호까지 외워서 카드를 상자에 넣을 때까지 게임을 계속합니다. 페이션스 게임을 이용하면 전화번호뿐만 아니라 어떤 정보라도 외울 수 있습니다. 가령 일본어 히라가나 한자, 역사상의 연도, 화학이나 수학 공식 등 기억하기 어려운 것들을 암기하는 데 정말 효과적입니다.

공부 페이션스 게임의 카드 줄은 모두 네 줄로 이루어져 있으며, 밑에서부터 첫 줄은 3장, 둘째 줄과 셋째 줄은 각 5장 그리고 마지막 넷째 줄은 7장의 카드가 놓이게 됩니다.

[공부 페이션스 게임 학습방법]

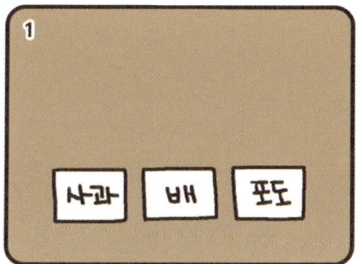

첫 줄에 카드 3장을 놓는다.

첫번째 카드의 뒷면을 기억하면 위로 한 칸 올리고 새로운 카드를 오른쪽에 하나 추가한다.

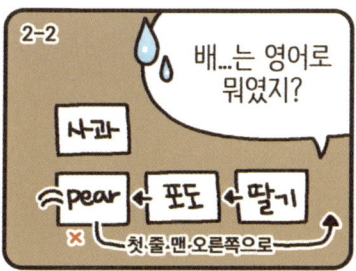

만약 기억하지 못했다면 정답을 다시 외운 후 첫 줄 맨 오른쪽으로 옮긴다.

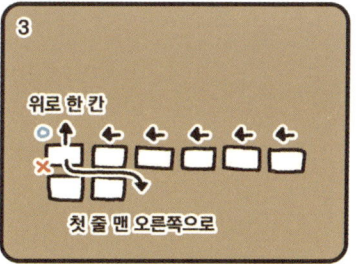

같은 방식으로 반복하여 학습해 둘째 줄에 학습카드가 다섯장이 넘게 채워졌다면 첫번째 카드를 푼다. 기억하면 위로 한 칸 올리고 기억하지 못했다면 첫 줄의 맨 오른쪽으로 옮긴다.

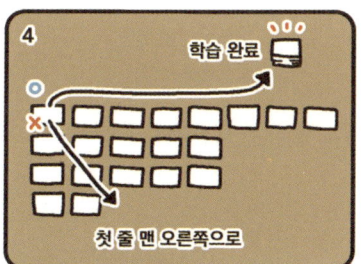

셋째 줄도 같은 방식으로 학습하고 넷째 줄에 학습카드가 일곱장이 넘게 채워지면 첫번째 카드를 풀어 기억하는 카드는 게임에서 빼내고 기억하지 못하는 카드는 첫번째 줄의 맨 오른쪽으로 옮긴다.

이상과 같이 학습 1단계에서 불러온 모든 학습카드를 다 학습하게 되면 게임이 끝난다.

2. 학습상자로 공부한 내용 혼자 복습하기

"성취의 기쁨이 최상의 강화"
"학습은 짧은 간격을 두고 매번 성공을 경험하게 해 주어야 한다."
"즉, 언제나 반복되는 작은 만족이 성취되어야 수많은 작은 학습 단계들이 성공으로 이어진다."

아이들의 배움을 촉진시키기 위해서는 원리를 스스로 이해하게 하고 탐구하며 교사와 동료친구들끼리 충분히 대화할 수 있도록 해 주어야 합니다. 깊이 있게 배움을 탐구할 수 있는 시간을 주었을 때 아이들은 "힘들지만 재미있었어", "또 하고 싶지 않니?"라고 서로 이야기합니다. 이 때 탐구에 필요한 배경 지식에 대한 기억, 탐구 후에 다른 영역으로 생각이 확장되어야 할 때 배운 것에 대한 기억은 매우 중요한 역할을 수행합니다. 그러나 아이들에게 이런 기억의 과정은 암기를 위한 암기가 되어 학습에 대한 흥미를 잃게 할 때가 많습니다. 더구나 이것이 숙제의 형태가 되어 자기의 성실성을 시험하거나 평가하게 될 때 아이들의 학습 의욕은 심각하게 제한 받을 수도 있습니다.

아이들이 학습에 의욕을 갖게 하고 배운 내용을 기억하게 할 때 '성공에 대한 경험'은 성취의 기쁨이 되어 최상의 강화를 가져옵니다. 학습상자는 이처럼 짧은 간격을 두고 성공의 경험을 통해 학습 성취를 높이는데 매우 효과적입니다.

라이트너 시스템은 학습카드와 분산 반복을 합친 공부법입니다. 세바스티안 라이트너가 1970년대 초에 고안한 이 방법은 '학습상자'를 만들어서 카드를 관리합니다. 학습상자는 속을 다섯 칸으로 나누되, 첫째 칸부터 다섯째 칸까지 점점 넓어지게 만든 것입니다.

제일 좁은 첫째 칸에 공부할 카드를 넣고, 공부를 시작합니다. 정답을 맞힌 카드는 둘째 칸으로, 그렇지 못한 카드는 첫째 칸에 그대로 둡니다. 첫째 칸에서 카드가 빠져나가는 만큼 계속 새 카드를 추가하면서 계속 공부하다보면, 둘째 칸이 찹니다. 그러면 둘째 칸의 카드를 복습해서 맞힌 건 셋째 칸으로, 틀린 건 첫째 칸으로 옮깁니다. 이런 식으로 다섯째 칸이 찰 때까지 공부합니다. 다섯 째 칸의 카드 중에서 맞힌 것은 학습 상자를 졸업하지만, 틀린 카드는 첫째 칸으로 옮깁니다. 어느 칸의 카드든지 틀리면 무조건 첫째 칸으로 옮겨져서 처음부터 다시 시작합니다.

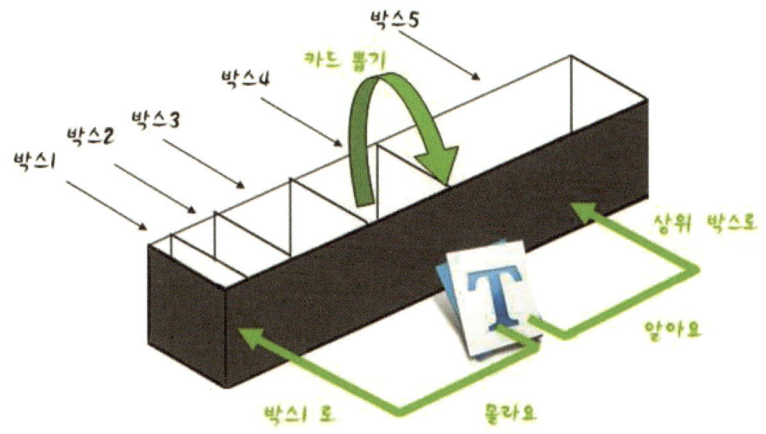

이 방식으로 분산 반복이 가능한 이유는, 칸 크기가 단계적으로 넓어지기 때문입니다. 칸이 넓을수록 다 찰 때까지 시간이 더 오래 걸리기 때문에, 다음 칸으로 이동할 때마다 복습 간격도 넓어지는 것입니다. 칸의 넓이로 복습 시점을 결정하는 것은 수동으로 많은 카드를 관리할 때는 편하지만, 같은 칸에 있는 카드라고 하더라도 서로 복습 간격이 다를 수 있습니다. 얼마나 많은 카드를, 얼마나 자주 공부하는지에 따라 칸이 차는 속도가 달라지기 때문입니다.

가. 우유갑으로 만드는 학습상자 '복습상자'

간단히 우유갑을 4개 이어 붙여 만들 수도 있습니다. 종이카드는 앞쪽에는 '발해의 수도는' 뒤쪽에는 '상경' 등으로 답을 써서 만듭니다. 그날 공부한 내용 중에서 가장 중요한 내용만 카드로 만들어 둡니다.

작성한 학습카드는 항상 첫 번째 칸에 넣어 두고, 학습 후 10분 뒤 첫 번째 칸에 있는 카드를 빼서 문제에 맞는 정답을 맞히면 두 번째 칸에 넣습니다. 정답을 맞히지 못한 카드는 다시 첫 번째 칸에 넣으면 됩니다. 시간이 흐른 뒤 저녁때에 15분 이내의 시간을 들여 2단계 복습을 합니다. 첫 번째 카드의 문제를 풀어내면 두 번째 칸에, 틀리면 다시 첫 번째 칸에 넣습니다.

다음 날, 3단계 복습을 통해 두 번째 카드를 빼서 정답을 맞히면 셋째 칸에 넣고 틀리면 첫 번째 칸에 돌려 넣습니다. 주말 4단계 복습을 할 때 셋째 칸 카드를 빼서 정답을 맞히면 넷째 칸에 넣고 맞히지 못하면 첫 번째 칸에 넣습니다. 이런 식으로 맞히면 다음 칸으로, 맞히지 못하면 무조건 첫 번째 칸에 카드를 넣으면 매번 성공의 경험이 쌓여 놀이하듯 공부한 내용을 자기 것으로 만들 수 있습니다.

다섯째 칸에 있는 카드들을 한 달 뒤에도 기억하고 있다면 장기 기억이 가능한 내용들입니다. 이때는 별도의 상자나 공간에 카드를 모아 놓은 후 적당한 때에 꺼내어 가끔씩 확인만 하면 기억을 유지시킬 수 있습니다.

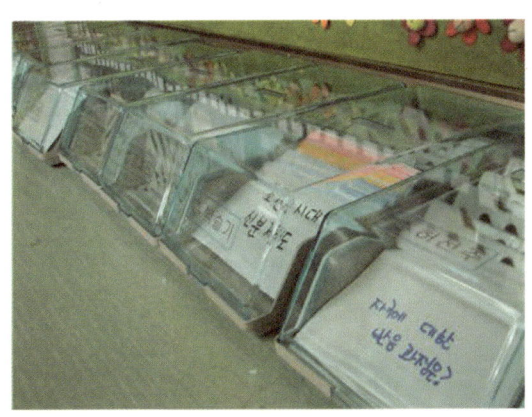

만든 문제카드의 보관은 〈명함박스〉를 이용하는 것도 좋습니다. 직접 만드는 것이 불편하거나 자주 파손이 되는 경우에는 문구점에서 파는 명함박스를 구입해서 학습상자로 이용합니다.

딸 예은이와 학습할 때에는 다이소같은 곳에서 파는 수납상자도 많이 활용했고, 인터넷 쇼핑몰에서 구입한 학습상자를 단어카드와 함께 구입해서 색깔별로 활용하기도 했습니다.

나. 학습상자 활용시 유의할 점

학습상자를 만들어 활용할 때 유의할 점은 다음과 같습니다.

(1) 매일하는 것이 효과적이다.

학습상자의 효과를 직접 몸으로 느끼려면 매일 활용해야 합니다. 공부를 잘하는 학생들의 공통적인 특징은 평소에 중요한 부분들은 공부를 하고, 자기 것으로 만들어 둔다는 점입니다. 학습문제로 제시된 기본적인 내용은 그때그때 암기를 통해 이해했기 때문에 시험기간이 되면 좀 더 지엽적인 부분까지 공부할 수 있게 됩니다. 공부를 못하는 학생들은 시험 기간이 되어서야 급하게 가장 중요한 핵심내용만 간신히 암기를 하다 시험을 마주치게 됩니다. 공부를 못하는 학생들도 학습상자의 효과를 맛보려면, 매일 수업이 끝날 즈음에 시간이 조금 걸려도 그날 공부한 것 중 가장 중요한 핵심내용, 예를 들어 사회 1.민주주의와 우리 생활에 대해 공부했다면 '정치'와 '민주주의', '군주제' 정도의 가장 중요한 세 가지 문제만 학습카드로 만들어 1단계 칸부터 시작하는 것입니다.

(2) 개인별로 학습할 수도 있고 친구와 플래시카드 게임을 할 수도 있다.

처음에는 교사가 공부를 마칠 때 즈음에 함께 그 시간에 공부한 내용 중 가장 중요한 단어를 세 개 정도만 밑줄을 치게 하고, 그 단어가 답이 될 수 있도록 학습카드를 만듭니다. 이 학습카드를 스스로 한 장 한 장 문제를 보고, 답을 보는 과정을 반복합니다. 여러 번 반복하는 과정에서 뒷면의 답이 저절로 떠오르게 될 때에는 2단계 칸으로 옮깁니다.

짝과 함께 서로 묻고 답하면 일화 기억(에피소드 기억)의 경험이 되어 더욱 재미있고 오래 기억에 남게 됩니다.

(3) 수업놀이를 하기 전에는 꼭 사전에 모둠끼리 연습시간을 준다.

모둠별로 학습한 내용에 대한 퀴즈 대항을 하기 전에 모둠끼리 연습시간을 주면 구조화된 협동학습 방법을 적용하지 않아도 모둠 내 학습격차를 줄이고 모둠 간 경쟁학습에 더 많은 아이들이 적극적으로 참여하게 됩니다.

(4) 곧바로 집에 가져가지 않고, 교실에서 2주 정도 학습상자를 활용하는 방법을 익히도록 도와주어야 한다.

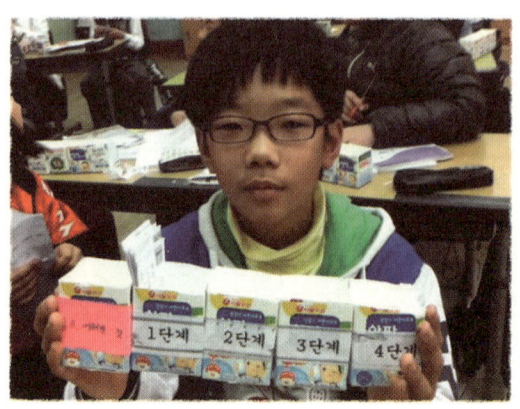

되도록 시험을 앞두고 2주 정도 직접 학습상자의 유용함을 활용하며 깨닫도록 돕습니다. 예를 들어 사회 시간에 '고려의 문화'에 대해 배웠다면 선생님이 미리 문제카드를 인쇄해 나누어주고, 평소에도 짝과 함께 묻고 답하게 합니다.

학습상자는 짧은 간격을 두고 성공의 경험을 통해 성취감을 느끼게 하여 아이들이 정서적 재미와 인지적 재미를 동시에 느끼게 하여 학습내용을 이해하고 기억하는 데 많은 도움을 줍니다. 실제로 학습상자는 학생들에게 성공의 경험을 자주 느끼게 해주어 공부가 재미있게 만드는 특별한 방법임에는 틀림이 없지만, 매번 학습카드를 만들어야 하는 번거로움이 있습니다. 이럴 때에는 컴퓨터를 활용해 '별이 프로그램'을 활용하거나, 아이폰으로 gflash pro같은 어플을 사용하기도 했습니다.

〈2010년 4월15일 목요일-1, 2교시 : 미술 - 학습상자 만들기〉

'공부의 비결'이란 책에서 라이트너가 소개한 '학습상자'를 시험을 한 주 앞둔 미술 시간에 만들기로 했다. 인간은 공부한 지 20분만 지나면 42%를 까먹는다. 한 시간이 지나면 반이 넘어 66%를 망각한다. 라이트너는 그렇다면 공부의 비결은 수업이 끝나자마자 1단계 복습을 하고, 집에 가서 다시 2단계 복습, 그 다음날 3단계 복습을, 일주일 후에 4단계 복습, 그리고 그달 말에 5단계 복습을 하는 5단계 학습을 소개한다.

라이트너는 구체적인 방법으로 '스스로 성공의 체험을 할 수 있는 학습상자'를 소개했는데, 5단계 대신 일단 초등학생에 맞게 **4단계 복습(오늘복습 - 하루후 복습 - 일주일 후 복습 - 한 달 후 복습)** 과정을 익힐 수 있게 하였다. 네 개의 우유갑을 붙이고, 목공풀로 골판지를 붙이게 했다. 잘 안붙는 경우 스테플러로 연결하고, 띠 골판지로 예쁘게 장식했다. 손재주 있는 아이들은 예쁜 리본까지 만들어 달게 했다.

3교시 사회 시간, '훈민정음과 농사 과학기술의 발전'에 대해 공부할 때 직접 문제카드도 만들어보게 했다. 하루 15분 동안 스스로 해보는 공부 시간, 잘 외워지지 않는 문제를 뒷면에 답과 함께 만들었다. 그런 후에 친구들과 바꿔서 풀어보게했다. 바로 풀어 정답을 맞힌 카드를 두 번째 칸으로 옮겨진다. 다음 날 다시 문제카드를 보고, 정답을 맞히면 세 번째 칸(일주일 후)으로 옮겨 주말에 다시 풀어본다. 주말에도 맞히면 네 번째 칸으로 옮겨두고, 그달 말에 다시 풀어본다. 이때도 맞힌다면, 이 문제카드에서 공부한 지식은 완전한 내 것이 된다. 아이들이 의외로 손재주가 좋아 제법 멋진 학습상자가 만들어졌다. 만들어진 학습상자가 아이들 인생에서 유용한 도구가 되길 기대한다.

우리 반에서는 학습상자라는 이름 대신에 '복습상자'라는 이름으로 활용하고 있다.

2012년 4월 10일 화요일

〈복습상자〉

오늘 4교시 사회시간에 우유갑을 말려서 자른다음에 복습상자를 만들었다. 오늘 외우고, 내일 외우고 주말에도 외워서 복습을 통해 완전히 다 외울수있는 좋은 방법인것 같다.
6학년이 되면 애들은 학원도 다니고 학원에서 영어단어도 외우고 사회, 과학 단어들도 무작정 외우는데 오늘 만든 복습상자로 외우면 스트레스도 받지않고 차분히 잘외울수 있을 것 같다.
내가 사회랑 과학을 잘못하는데 사회책이나 과학책에 있는 중요한 단어들을 이 복습상자로 열심히 외워야겠다.
오늘도 10문제를 카드로 풀었는데 몰랐던게 좀있긴했지만 많지 않아서 다행이다 내일도 까먹지 않고 잘풀수 있었으면 좋겠다.
이렇게 6학년이 되서 새로운 선생님과 새로운것을 많이 하니까 재미있고 기분이 좋다.

늦었지만
생일 축하해.
옷 예쁜 승주야^^
선생님도 승주를 만나
3, 4월 더욱 행복했단다.
복습상자로 열심히 하는 모습보니
정말 기쁘구나^^

34 클래스카드 퀴즈 배틀로 즐겁게 복습하기

    라이트너의 '학습상자'를 만들어 영어단어를 외우거나 공부한 내용을 복습할 때의 단점은 매번 학습상자나 단어카드를 직접 만들어야 하고, 들고 다녀야 한다는 불편함일 것입니다. 아이들이 일일이 단어카드를 만들다 보면, 진짜 중요한 핵심단어를 빠트리고 엉뚱한 단어들을 만들 경우도 많은 데 다인수 학급에서 일일이 확인해주기도 쉽지 않습니다. 선생님이 직접 단어장을 쉽고 빠르게 만들고, 그 단어장으로 수업 중에는 즐겁게 수업놀이를 진행할 수 있다면 어떨까요? 한 번만 만들면 반 아이들 모두가 재미있게 참여수업을 진행한 후, 수업 후에도 스마트폰이나 PC로 암기학습이 가능해지는 멋진 수업, 클래스카드가 가능하게 해줍니다.

1. 학생들이 스마트폰으로 참여하는 퀴즈 배틀

클래스카드의 '퀴즈 배틀'은 한마디로 '학생들이 PC, 스마트폰으로 참여하는 퀴즈 배틀 방식의 수업활동'입니다. 쉬는 시간에도 아이들이 몰려들어 참여할만큼 그 몰입력이 대단한 수업입니다. 퀴즈 배틀을 수업에 활용할 때의 장점은

첫째, 퀴즈 배틀은 학생들이 앱을 다운받지 않고 PC와 스마트폰 어디에서든 브라우저만으로 참여할 수 있어, 활동 준비에 소요되는 선생님의 부담과 시간을 최소화할 수 있습니다. 컴퓨터실에 갈 수 있는 날이면 컴퓨터로 접속해 활용하면 되고, 교실에서라면 와이파이 무선망이 갖추어져 있지 않기 때문에 데이터가 충분한 아이들과 짝을 지어 함께 스마트폰으로 접속하게 하면 됩니다.

둘째, 기존 학습세트 포맷을 그대로 활용, 이미 제작된 클래스카드의 30만개 학습세트를 그대로 활용할 수 있습니다. http://battle.classcard.net 에 접속하면, 인기세트와 초/중/고 필수 영단어, 초등 영어교과서, 중등 영어교과서, 고등 영어교과서 카테고리로 분류된 카드 학습세트가 준비되어 있습니다. 매번 스스로 만들지 않고 잘 활용되고 있는 학습세트를 먼저 검색해 활용해도 충분합니다.

셋째, 퀴즈 활동만을 목적으로하는 다른 서비스들과 달리, 활동 전/후에 클래스카드 학습활동과 연계할 수 있습니다.

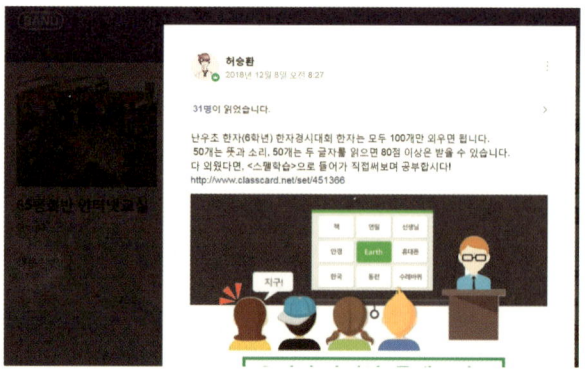

　알림장으로 미리 안내해 주면, 가정에서도 공부하기 전, 또는 공부한 후에 예습이나 복습 활동으로 활용할 수 있습니다.

　무엇보다도, 학생들이 아주 쉽고 재미있게 수업에 적극 참여할 수 있도록 만들어져서 반 아이들과 틈틈이 활용하고 있습니다.

2. 퀴즈 배틀 곧바로 활용하기

　퀴즈 배틀을 활용하는 방법은 두 가지가 있습니다. 다른 선생님이 만드신 자료를 검색해 활용하는 방법과 직접 퀴즈를 만드는 방법!

(1) 카드 검색해 퀴즈 배틀하기

　처음에는 교과 내용과 관련있는 카드 세트를 검색해서 찾아볼 필요가 있습니다.

　① 6학년 2학기 국어 '4.효과적인 관용 표현'을 공부하고 난 후에 상단의 [검색하기] 버튼을 눌러 필요한 '관용 표현'으로 검색해 보았습니다.

② 검색된 많은 자료 중에서도 가장 상단에 있는 자료는 더 많은 반에서 도전하였기 때문에 어느 정도 선생님들께 검증된 자료로 볼 수 있습니다.

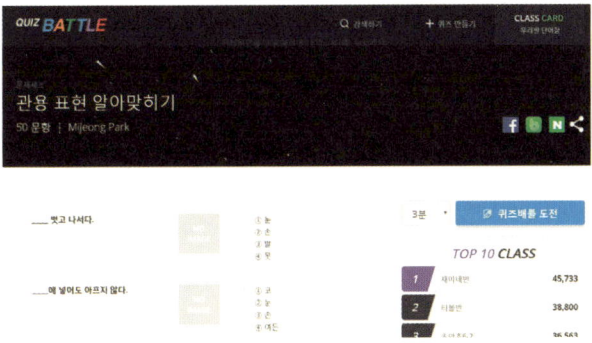

③ 퀴즈를 풀 시간을 1분부터 30분 사이에 설정하고, [퀴즈 배틀 도전]을 클릭한다.

④ 퀴즈 배틀을 할 때 접속할 주소와 배틀 코드가 PC 화면에 나타나면, 학생들은 휴대전화로 인터넷 주소창에 http://b.classcard.net 라고 입력하고 접속합니다. 이때 배틀 코드에 숫자를 입력하면 참여할 수 있습니다.

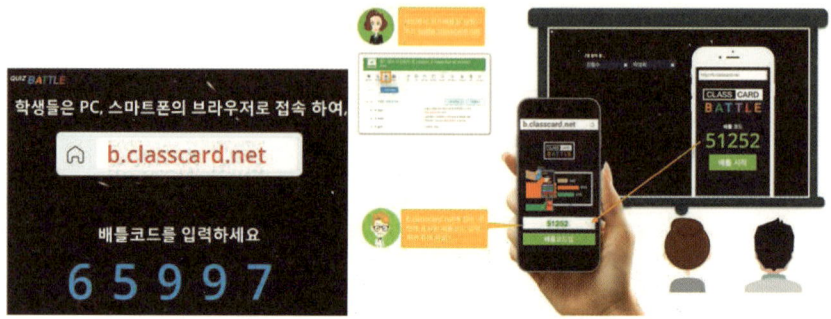

⑤ 아이들이 모두 들어오면, [배틀 시작]버튼을 눌러 퀴즈 배틀을 시작합니다. 학생들이 문제를 풀기 시작하면, 5문제마다 선생님 화면에 점수가 집계됩니다. 학생들은 5문제 연속 정답시 추가 점수를 획득할 수 있습니다.

반 전체가 함께 도전했을 때에는 배틀 전국 순위도 확인할 수 있어서 반 아이들이 함께 '공동의 목표'를 정해 도전하는 과정에서 우리 반에 대한 소속감을 키울 수 있습니다.

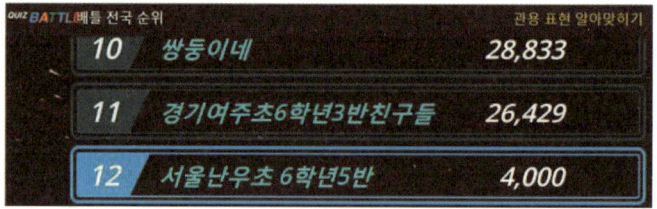

⑥ 최종 화면에서 이메일을 입력하면, 결과 리포트를 전송받을 수 있습니다.

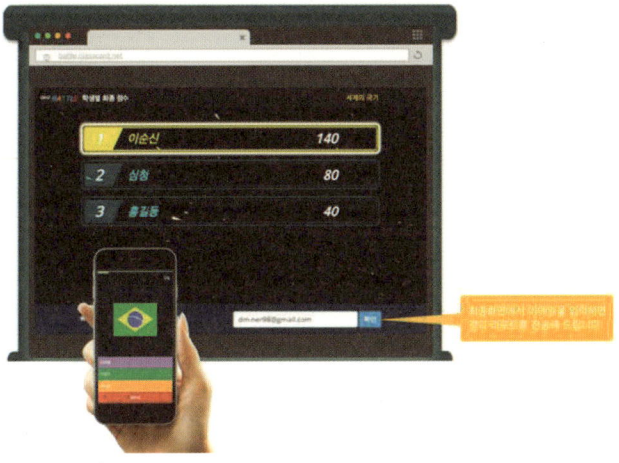

(2) 퀴즈 직접 만들어 퀴즈 배틀하기

검색했는데, 선생님이 원하는 학습카드가 없다면, 직접 만들 수 있습니다. 다만 직접 문제를 만드려면, 먼저 회원 가입을 하셔야 합니다.

① 회원 가입을 한 후, 나의 세트에서 [+세트 만들기]를 눌러 새 세트 만들기를 시작한다.

② 단어 세트와 문장 세트, 용어 세트, 문제 세트의 학습 세트 중에서 한 가지를 선택한다.

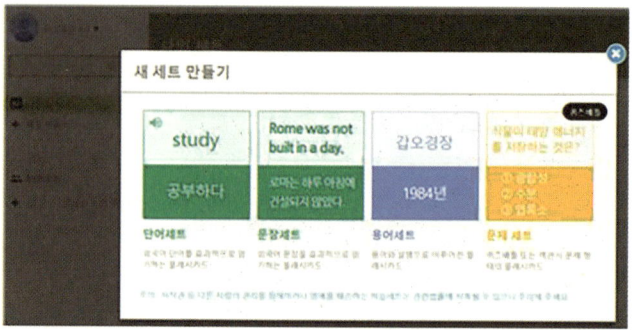

③ 문제 카드의 주제, 그리고 실제 카드의 문제와 답을 입력한다.

④ 만든 학습세트를 저장한다.

⑤ [수업도구]메뉴의 [배틀]을 클릭하면 교사가 만든 학습카드로 [퀴즈 배틀]을 진행할 수 있다.

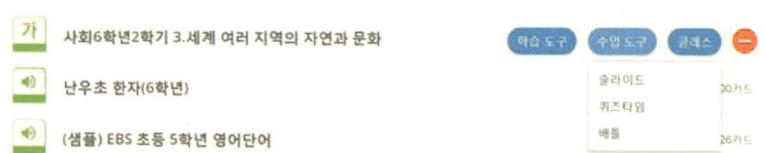

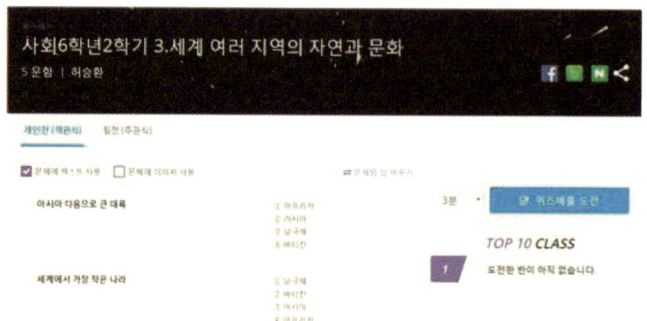

[수업도구]의 [슬라이드]를 클릭하면, 퀴즈 배틀을 시작하기 전에 미리 어떤 문제가 나올지 예습할 수 있습니다. 자칫 게임의 경쟁에만 치우쳐 잘하는 아이들만의 잔치가 되지 않으려면, 미리 나올 문제들을 훑어보며 공부할 시간을 주어야 합니다.

[수업도구]의 [퀴즈타임]을 클릭하면, 자동 지명된 학생이 답을 발표하고, 선생님이 O,X를 판단하여 맞으면 100점 득점, 틀리면 감점하여 경쟁할 수 있는 퀴즈타임 게임을 할 수 있습니다.

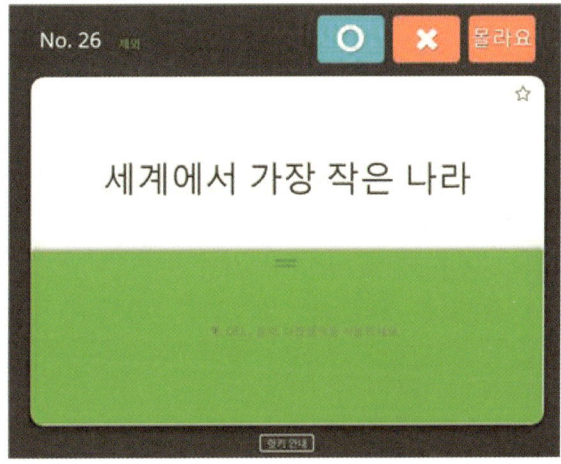

카훗(Kahoot)으로 재미있게 복습하기

클래스카드는 우리나라에서 만들어졌습니다. 이와 달리 전 세계의 선생님들이 활용하는 카훗(Kahoot)은 스마트기기(스마트폰, 태블릿PC, 랩탑 컴퓨터 등)를 기반으로 퀴즈나 토론, 설문 등을 교실에서 실시간으로 진행할 수 있는 '청중 반응 시스템'입니다. 학생들이 수업시간에 게임하는 기분으로 주어진 문제에 답을 할 수 있기 때문에 학생들의 높은 몰입도를 확인할 수 있습니다. 웹브라우저를 기반으로 하기 때문에 학생들이 따로 앱을 설치할 필요없이 활용할 수 있는 간편함을 제공합니다. 무엇보다 무료로 활용할 수 있습니다.

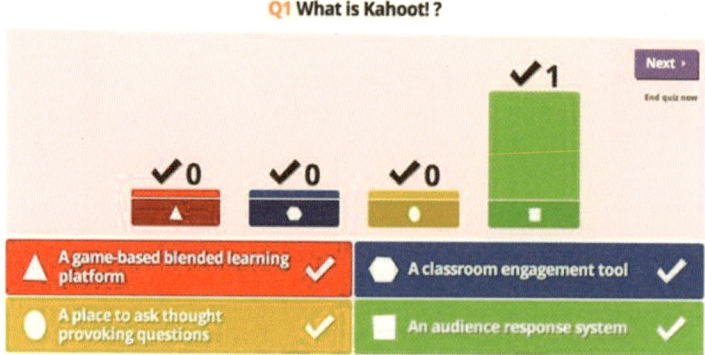

1. 카훗(Kahoot)을 활용할 때의 장점

이미 시장에는 빅스타인 소크라티브(Socrative)를 포함한 다양한 온라인 청중반응 시스템이 있지만, 카훗은 교실 수업에서 사용하기 쉽도록 사운드 효과와 간편한 진입을 위한 핀(Pin) 코드 인증, 앱을 설치할 필요 없이 웹브라우저를 활용하는 간편함을 제공하고 있다. 카훗(Kahoot)을 수업에 활용할 때에 특별히 좋은 점은 첫째, 문제를 만들 때 이미지나 영상, 배경 음악 첨부가 가능합니다.

둘째, 세계 각국의 여러 사람들이 만들어놓은 퀴즈가 공유되어 왔고, 그 공간에 자신이 만든 문제도 공유할 수 있기 때문에 글로벌하고 다양한 문제들을 접할 수 있습니다.

셋째, ON/OFF 기능으로 대기 시간, 퀴즈에 음악 틀어주기, 질문 순서 무작위 출제, 보기 순서 무작위 출제 등이 가능합니다.

넷째, 강제 퇴장 기능과 난이도 조절 기능, 그리고 참여자를 기다렸다가 일괄적으로 시작하는 기능이 있어서 학습 인원이나 학습 과제를 관리하기에 편합니다.

다섯째, 문제마다 5초에서 120초까지 제한 시간을 설정할 수 있어서 효율성이 높습니다.

여섯째, 카훗(Kahoot)은 문제를 미리 만들어놓고 출제가 가능합니다.
카훗은 게임 기반의 온라인 반응 시스템으로 교실 수업에서 쉽게 게임화 기법을 도입할 수 있는 잘 만들어진 도구입니다. 다소 긴장감을 주기 위해 사운드와 시간 설정을 해두면 학생들의 몰입을 더욱 극대화 할 수 있습니다.

2. 카훗으로 즐겁게 복습하기

교사는 먼저 카훗(http://kahoot.com)으로 접속해서 회원 가입을 해야 문제 세트를 만들 수 있습니다.

① 오른쪽 상단의 [Create]를 클릭해 Quiz 버튼을 누른다.

Quiz 와 Jumble, Discussion, Survey의 네 가지 선택 화면이 나타납니다. 이중에서 Quz 버튼을 눌러 직접 퀴즈를 만들어 봅시다.

② 퀴즈의 주제와 간단한 설명을 적는다.

유튜브와 연결해 소개 동영상을 보여줄 수 있도록 할 수 있고, 준비한 이미지를 활용할 수도 있습니다.

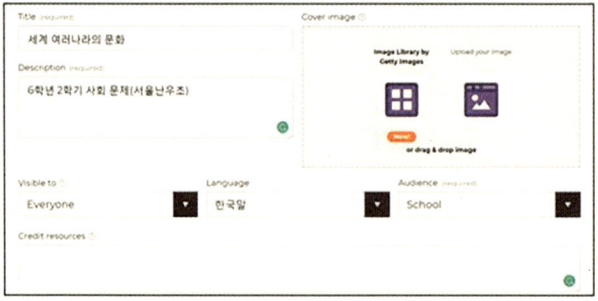

③ [Add Question]버튼을 눌러 1번 문제를 입력한다.

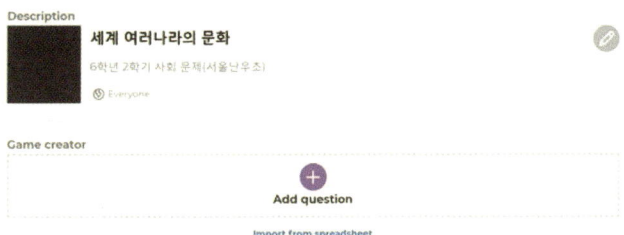

④ 문제와 문제를 풀 수 있는 시간(기본적으로 20초), 그리고 객관식 답안을 입력한다. 이때 정답 옆에는 V체크를 클릭해 초록색으로 답을 체크한다.

⑤ 퀴즈 문제 세트를 만들었으면, [Play it]버튼을 눌러 아이들이 학습할 준비를 마친다.

카훗(Kahoot)으로 재미있게 복습하기 · 139

상단 메뉴 중에서 Kahoots로 들어가 만들어놓은 문제 세트를 고른 후, [Play] 버튼을 눌러 실행시켜도 됩니다.

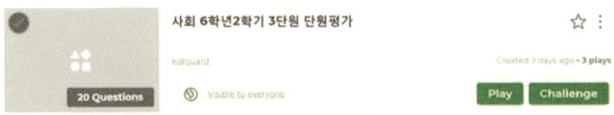

⑥ [클래식] 과 [팀 모드] 중에서 선택해 시작한다.

⑦ 화면에 제시되는 대로, 학생들은 스마트폰을 준비해 인터넷 주소창에 kahoot.it 라고 입력한 후, 나타나는 화면에서 핀 번호 420040, 보이는 숫자를 입력하면 된다. 입력한 후에는 자신의 닉네임을 원하는 대로 설정한다.

⑧ 화면에 나오는 문제를 보고 해당하는 답이 적힌 기호를 클릭한다.

⑨ 결과를 확인하고 NEXT 버튼을 눌러 다음 문제를 제시한다.

더욱 빠른 시간 안에 눌러야 더 높은 점수를 받을 수 있습니다. 이걸 몰라서 천천히 푸는 아이들이 있습니다. 시간을 20초 정도 주면, 굉장한 압박감을 받으며 몰입해 풀게 됩니다.

교실에 와이파이 무선망이 없기 때문에, 스마트폰 데이터가 충분한 아이 옆에 2~3명씩 모여서 함께 풀게 했더니 더욱 틀리는 것에 대한 부담없이 즐겁게 참여하였습니다.

3. 스마트폰 없이 카훗으로 놀기

카훗으로 공부한 내용을 복습할 때, 아이들의 열광적인 모습은 수업을 준비한 교사 입장에선 무척 고무되는 장면입니다. 하지만 학생들은 게임 중간에 퇴장하고, 로그인하는 데 너무 오래 걸립니다. 휴대전화를 가지지 않은 아이들은 이 시간이 지루하고 재미없을 수도 있습니다. 그렇다고 모든 학생들이 함께 놀 수 있는 스마트폰을 가질 때까지 기다릴 수도 없습니다.

Deanna Sessoms 선생님은 '종이 Kahoot 응답 시스템'을 생각해 냈습니다. 선생님은 컴퓨터 화면으로 제시하고, 학생들은 단 한 대의 휴대전화를 준비합니다. 선생님 휴대전화를 켜서 학생용 장치로 로그인하는 것입니다. 그런 다음 학생들에게 어떤 대답을 결정할지 묻습니다.

학생들이 종이로 카훗 게임을 하면, 실제로 약간 차분해 집니다. 아이들의 결과를 보고 가장 많은 결과를 선생님 휴대전화로 표시하면 됩니다.

① 종이를 가위로 자른다.
② 반으로 접는다.
③ 접은 종이를 다시 반으로 접는다.
④ 선생님이 질문하면, 손바닥에 정답이라고 생각되는 면을 보여준다.

복사해서 활용하세요!

아이들 솔직한 마음 멘티미터로 들여다보기

'설문(영어: Survey)'은 조사나 통계에 이용하기 위해 묻는 것, 또는 물음을 만들어 내는 것을 뜻하는 용어입니다. 교실에서 종종 교사는 직접 거수로 설문 조사를 하기도 하지만, 다양한 매체를 이용할 수도 있습니다. 특히 비밀리에 아이들의 속마음을 알아보려 할 때, 매번 쪽지를 만들어 쓰게 하는 것은 번거롭습니다. 이럴 때 아이들 솔직한 속마음을 들여다볼 수 있는 꽤 근사한 수업 도구를 알아두면, 더욱 아이들의 적극적인 참여를 이끌어낼 수 있습니다.

1. 학생들의 의견을 실시간으로 함께 확인할 수 있는 멘티미터(Mentimeter)

학생들과 어떤 주제에 대하여 이야기 나누고 생각을 모을 때 무엇을 사용하시나요? 주로 포스트잇이나 허니컴보드를 사용하곤 했는데, 멘티미터를 알게 된 이후로 포스트잇 대신 멘티미터를 통해 손쉽게 생각을 나누고 공유하게 되었습니다.

예를 들어 수업시 영상을 보여주고 "이 영상을 보고 떠오르는 것은?"에 대해 학생들은 멘티미터 사이트에 교사가 제시한 6개의 코드번호를 넣고 접속하여 자신의 생각을 기록합니다.

멘티미터는 웹 사이트에서 교사와 학습자가 서로 상호작용 할 수 있는 스마트 도구입니다. 별도의 앱을 통하지 않고 인터넷으로 접속하며 중복 투표가 가능하므로 1인 1기기가 아니어도 쉽고 빠르게 학생들의 의견을 수렴할 수 있다는 장점이 있습니다. 또한 화면에 설문 결과가 한눈에 알아보기 쉽게 제시되며 설문의 유형은 다지선다, 평정 척도, 주관식 입력 등 다양하게 제공됩니다.

(1) 교사는 'www.mentimeter.com' 사이트에 접속하여 구글 계정이나 페이스북 계정으로 회원가입을 합니다.

(2) 회원 가입 후 학생들과 상호작용을 하기 위한 설문지를 제작합니다.

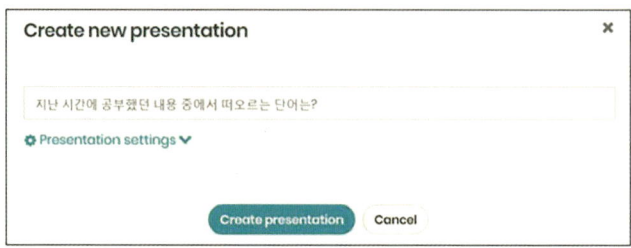 버튼을 눌러 나온 창에서 설문 조사하고 싶은 주제를 입력합니다.

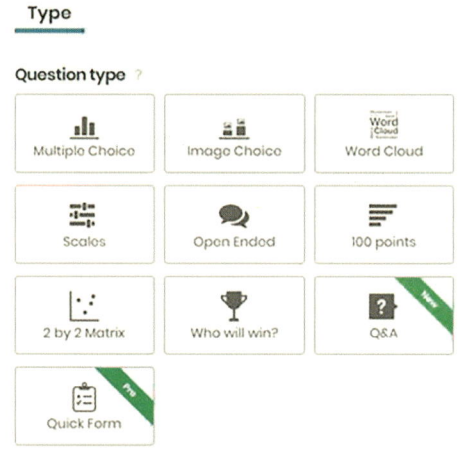

(3) 슬라이드 타입(Type)은 모두 10종류가 있습니다. 그중에 활용하고 싶은 상황에 맞는 슬라이드 형태를 고릅니다.

① 다중 선택 (Mulitple Choice) 슬라이드

학생들이 입력한 자료는 레이아웃에 미리 체크하면, 막대나 도넛, 파이, 점 등의 형태로 결과를 보여줄 수 있습니다.

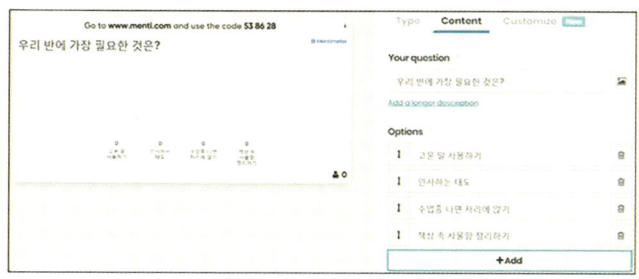

② 이미지 선택 (Image Choice) 슬라이드

이미지 선택 슬라이드는 저학년이나 중학년에서도 활용할 수 있도록 텍스트와 별도로 이미지만 보고도 선택할 수 있도록 한 슬라이드 타입입니다.

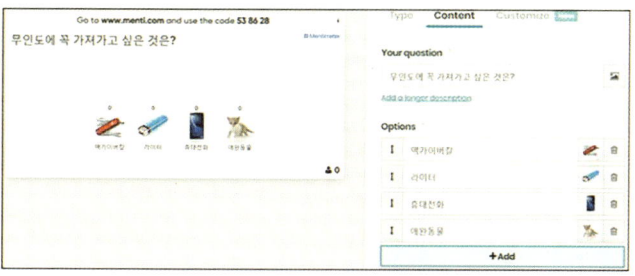

특히 하단의 'Show correct answer(s)'에 체크하면, 설문 조사를 넘어 정답이 있는 퀴즈 문제를 낼 수도 있습니다.

③ 워드 클라우드 (Word Cloud) 슬라이드

워드 클라우드 기능을 활용하면, 아이들이 입력하는 대로 반 친구들의 생각이 화면에 실시간 공유가 됩니다. 많이 나오는 말일수록 큰 글씨로 바뀌게 됩니다.

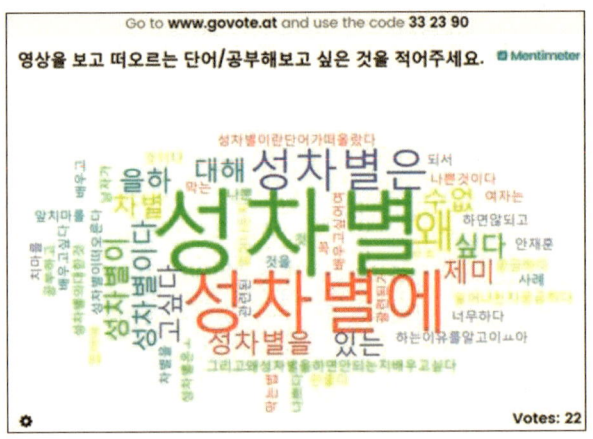

특히 'Entries per voter' 기능을 활용하면, 휴대전화가 없는 아이들도 옆 친구의 휴대전화에 투표를 할 수 있습니다. 또는 한 명당 3개 이상의 단어를 적도록 할 수도 있습니다.

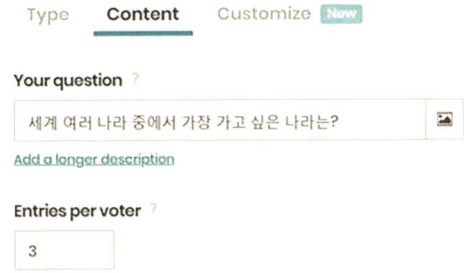

④ 개방형(Open Ended) 슬라이드

개방형 슬라이드를 고르면, 마치 포스트잇을 화면에 붙인 것처럼 아이들이 남긴 글을 화면에 보여줍니다.

학생들이 멘티미터 프로그램에 답변한 내용을 확인하며 이야기를 나눕니다. 학생들의 입에서 많은 이야기가 나올수록 좋습니다. 이야기가 많아진다는 것은 머릿속에 이야기할 내용들이 많이 있다는 것이겠지요.

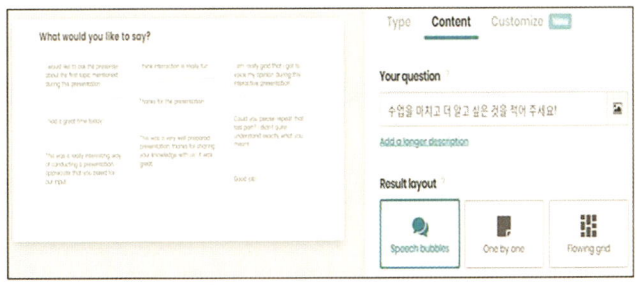

내일 공부할 내용을 미리 조사해서 적어 넣을 수 있도록 학급SNS에 안내한다면, 간단한 형태의 거꾸로 교실 수업을 준비할 수 있습니다.

화면 오른쪽 위의 ▶Present 를 클릭하면, 파워포인트 쇼 화면처럼 학생들에게 접속할 주소의 룸코드 번호가 제시됩니다.

Go to www.menti.com and use the code 53 86 28

(4) 학생들은 'www.menti.com'사이트에 접속하고, 화면에서 안내하는 룸코드 번호 여섯 자리 숫자를 입력하면 설문에 실시간으로 참여할 수 있습니다.

하단의 톱니바퀴 모양의 '설정'메뉴를 클릭하면, 큰 화면 보기나 카운트 다운 등 다양한 기능을 설정할 수 있습니다. 그중에 'Show QRcode for voting'을 선택하면, QR코드를 생성해주어서 아이들이 QR코드를 클릭해 미션을 수행하도록 하는 수업도 가능합니다.

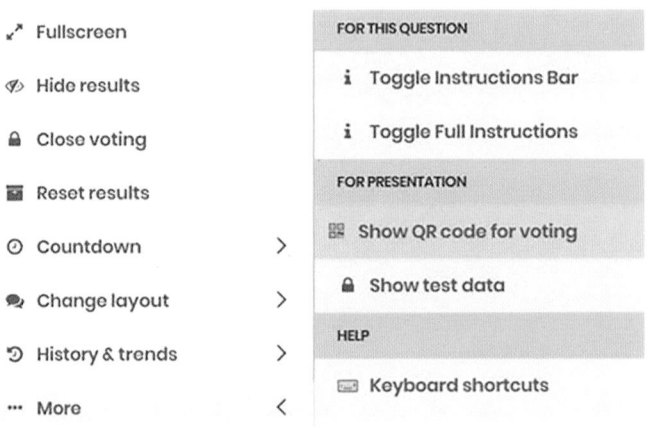

〈2019년 2월 8일 금요일 교단일기〉

이제 수업 진도는 모두 끝났다. 아이들과 영화를 보여주는 반이 많지만, 이런 시간을 그리 허투루 보내고 싶지 않았다. 아이들에게 꼬마 선생님 계획서를 나누어 주고, 팀별로 재능기부 수업을 진행하도록 했다. 꼬마 선생님 수업을 시작하기 전에 아이들에게 발문했다.

"여러분은 학교를 다니고 학원을 다니는 시간 외에 혼자 있을 때 무엇을 하면서 시간을 보내나요? 무엇을 할 때 정말 행복한가요?"

"웹툰을 볼 때 정말 행복해요."

"저는 애니메이션에 푹 빠져 있어요. 요즘 가장 빠져있는 캐릭터는 …"

"저는 방탄소년단 덕질 중이에요. 오빠들 콘서트는 다 쫓아다녀요."

친구들 앞에서 내가 좋아하는 것을 발표해보자고 꼬셨다. 여러분의 덕질은 참 부럽고 행복해 보여 좋다고...남이 징그럽다고 해도 파충류에 푹욱 빠져 도마뱀을 사모으는 승민이는 그 자체로 멋지지 않냐! 그리고 오늘 아이들의 첫번째 꼬마 선생님 수업이 시작되었다. 오늘은 세정이와 어진이가 구체관절 인형을 들고 나왔다. 커다란 인형 가격은 무려 85만원, 중간 크기의 인형은 36만원, 가장 작다고 한 인형마저 11만원이었다.

아이들은 독일의 초현실주의 미술가인 한스 벨머(Hans Bellmer)가 구체로 관절인형을 만들어 인체를 표현한 것이 시초라고 소개하며, 이를 일본에서 전통인형 작가들이 응용하면서 발전시켰다고 설명했다. 설명이 끝나고 멘티미터로 아이들의 질문을 받았다. "부모님은 어떻게 생각하나요?", "언제부터 이런 취미를 가지게 되었나요?", "처음 인형을 받았을 때의 기분은 어땠나요?" 아이들의 솔직한 질문에 더욱 활발하고 살아있는 수업이 진행되었다. 학년말, 마지막 일주일은 앞으로도 늘 아이들의 덕질을 찬양하는 꼬마 선생님으로 쭉 가야겠다!

스마트폰 없이 퀴즈를 푸는 플리커스

교실에서 카훗이나 클래스카드 등의 사이트를 활용하면, 아이들의 몰입도는 엄청납니다. 하지만 교실에 와이파이 무선망이 갖추어지지 않았기 때문에 종종 선생님들은 개인적으로 에그 등 사비를 들여 와이파이망을 활용한 수업을 준비하곤 합니다. 이런 부담 없이 선생님의 스마트폰이나 스마트패드 만으로 학생들의 데이터(의견이나 형성평가)를 실시간으로 수집할 수 있는 강력한 도구가 있습니다. 바로 '플리커스'(Plickers)입니다. 플리커스는 수업시간 학생들의 참여를 바로 수집하여 피드백 할 수 있습니다.

1. 플리커스를 활용한 수업 준비하기

플리커스(Plickers)는 학생들에게 각각 고유한 모양의 정답카드를 나눠주고 교사가 정답카드를 스캔하는 방식으로 형성평가 결과를 기록합니다.

학생들에게 나눠주는 정답카드는 플리커스 사이트에서 무료로 다운로드받을 수 있습니다. 일종의 QR코드처럼 학생들의 정답카드는 고유한 모양을 하고 있습니다. 카드를 자세히 보시면 작은 글씨로 숫자와 함께 A, B, C, D가 네 방향에 적혀 있는 걸 확인할 수 있습니다. 숫자는 정답카드의 고유번호를 뜻하고 A, B, C, D는 각 문제에 해당하는 정답을 뜻합니다. 스캔은 학생들이 든 카드가 어떤 방향이 위로 가있는지를 인식하는 형태입니다. 각 면에 A부터 D까지 작은 글씨로 표시돼 있어서 학생들은 정답을 고르고 해당하는 면이 위쪽으로 가게 들면 됩니다. 예를 들어 문제에 대해서 B라고 대답하고 싶다면 아래 그림처럼 B가 위로 오게 종이를 돌려 듭니다.

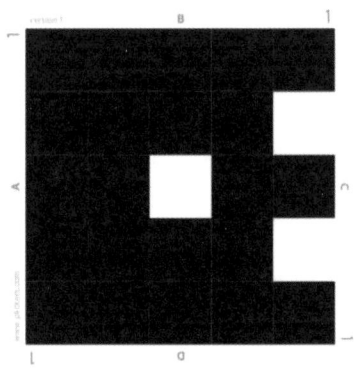

학생들이 골든벨 판을 들어 올리듯 각자 정답카드를 들면 선생님은 미리 설치해둔 플리커스(Plickers) 앱으로 사진을 찍듯 스캔합니다. 그럼 플리커스 앱이 자동으로 패턴을 인식해서 학생들이 각각 어떤 정답을 들었는지 기록하게 됩니다.

보통 문제를 풀면 교사가 정답을 알려주고 설명하거나 시험지를 걷어 채점하는데, 이 앱을 활용하면 정답률이 얼마나 되는지, 누가 틀렸는지도 곧바로 알려줄 수 있습니다. 시간 절약은 물론 실시간 피드백이 가능해 활발한 수업 진행이 가능합니다. 이용 방법도 어렵지 않습니다.

(1) 플리커스 홈페이지(http://plickers.com)에 접속하여 이메일 계정을 만들고 학급에 대한 기본 정보를 입력합니다.

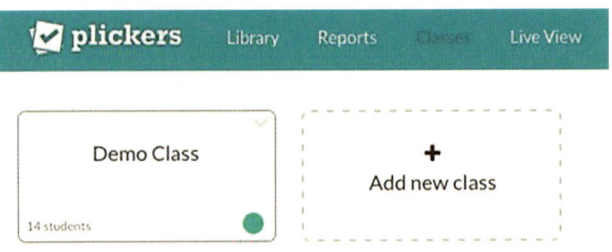

로그인이 되면 Classes 맨 밑에 [Add Class]를 눌러 반명(학급명)을 입력하고 [Create Class] 버튼을 눌러 새로운 학급을 만듭니다.

(2) 교사는 자신의 휴대전화, 즉 아이폰이나 안드로이드 스마트폰에 Plickers 앱을 설치합니다. 학생은 40명에서 63명까지 생성가능하며 출석번호를 기준으로 등록하면 효과적입니다. 학생을 추가하는 방법은 굉장히 간단합니다. 'Enter Student Name'이라고 되어 있는 칸에 학생 이름을 치고 엔터를 누르거나 [Add Roster]버튼을 누르시면 정답카드 번호가 차례대로 부여됩니다.

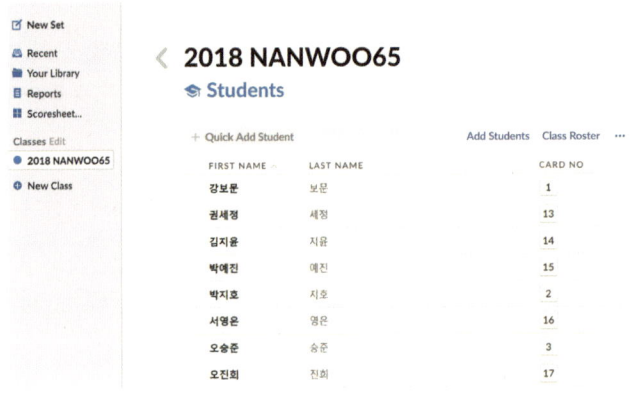

(3) 정답카드도 홈페이지에서 무료로 다운받아 인쇄하면 되고, 코팅해서 보관하면 오랫동안 재활용 할 수 있습니다. Help 메뉴의 [Get Plickers Cards]로 들어가면 다운로드받을 수 있습니다.

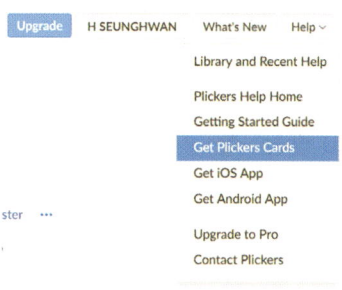

플리커스 카드의 종류는 4가지입니다. 원하는 크기의 카드를 다운로드받아 인쇄하면 됩니다.

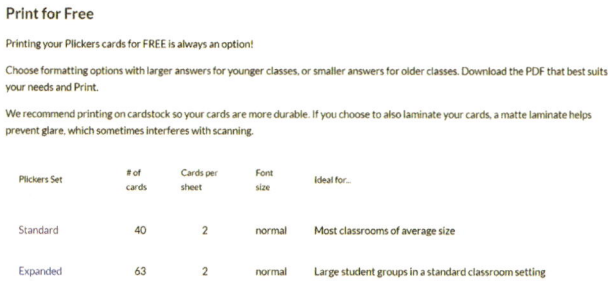

용도에 따라 다양한 크기로 인쇄할 수 있고 개인별 식별 모양도 다 달라서 옆 친구의 답을 커닝하는 경우도 방지할 수 있습니다. A4 1장에 2개씩 출력되므로 인쇄한 후, 잘라 쓰면 됩니다.

(4) 플리커스 사이트에서 질문을 만듭니다.

질문은 간단히 예·아니요뿐만 아니라 4지선다형으로도 가능합니다.

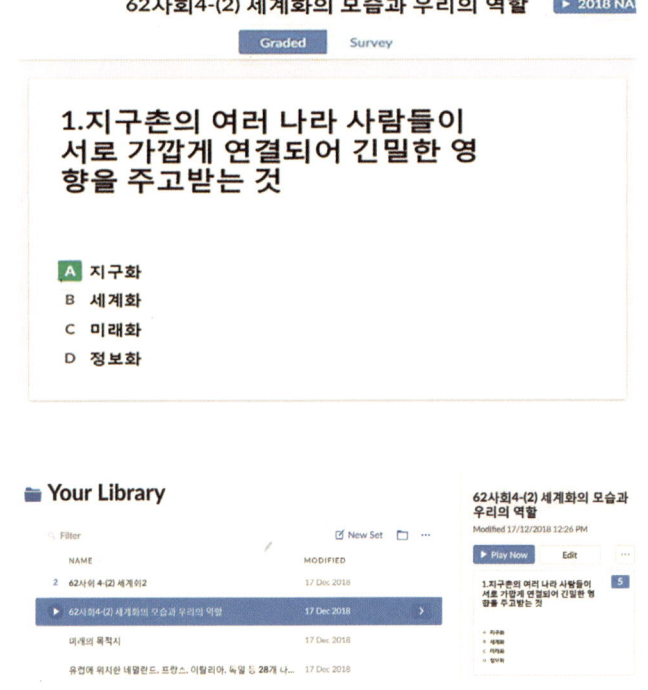

(5) 플리커스 사이트에서 [Play now]를 클릭합니다.

문제와 미리 입력한 아이들 명단이 함께 나타납니다.

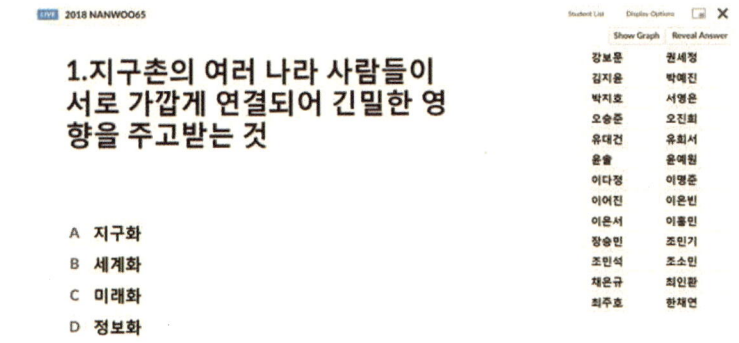

(6) 문제를 푼 후에 선생님의 스마트폰에 설치한 플리커스 앱으로 아이들 모습을 스캔하면, 누가 정답을 맞혔는지 이름이 반전되어 나타나므로 쉽게 알 수 있습니다. 플리커스 앱을 실행시키고 로그인 하면 반 목록이 나타납니다. 원하는 반을 선택하면 미리 연결시켜 놓은 문제가 나타납니다. 문제를 선택하면 출제 화면으로 바뀌면서 컴퓨터 화면도 바뀝니다.

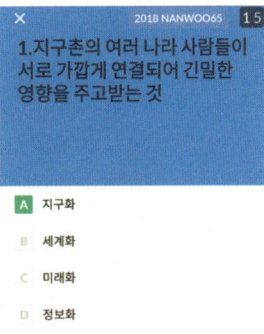

문제를 출제한 후 카메라 버튼(아래 파란색 원)을 선택하고 학생들이 들고 있는 답변을 비추면, 학생들의 답이 자동으로 들어오게 됩니다.

스마트폰을 비추는 동안 우측 상단에 몇 명이 인식되어 있는지 확인 할 수도 있습니다.

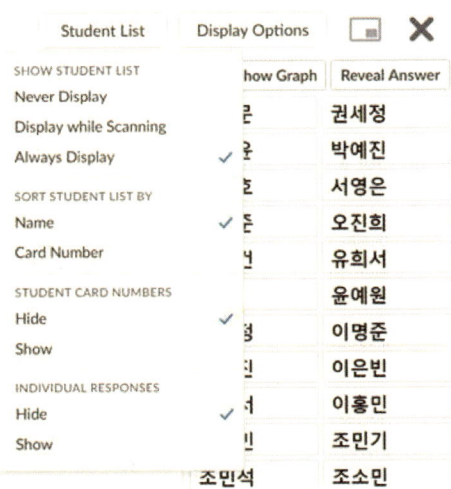

Student List 메뉴에서 [Always Display]를 선택해야 언제든지 학생들의 이름이 문제화면 오른쪽에 나타나게 됩니다.

또 학생이 답변을 했는지 누가 맞고 틀렸는지를 확인할 수 있습니다.

문제 답변이 끝나면 아래쪽에 정지 버튼을 눌러 종료하면 됩니다. 그럼 다시 문제 화면으로 돌아오면서 학생들의 응답 통계를 그래프로 확인할 수 있고, 그래프를 한 번 더 누르면 누가 어디에 답했는지 명단 확인이 가능합니다.

(7) 다음 문제를 풀려면, 하단에 있는 슬라이드 바에서 오른쪽으로 가면, 다음 문제들이 나타납니다. 차례차례 함께 풀도록 합니다.

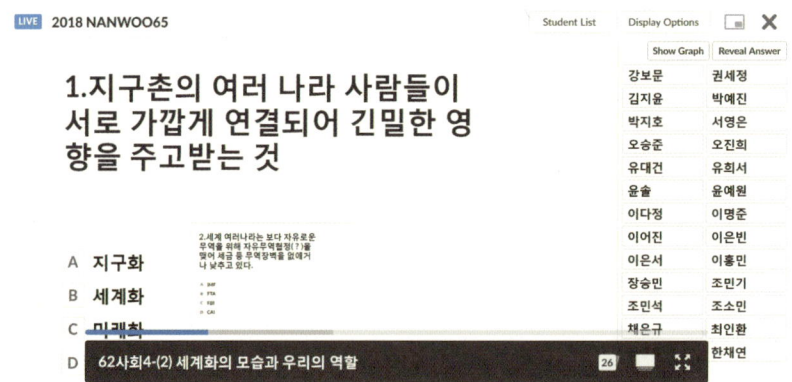

(8) 모든 학생이 다 답변을 하지 않았어도 확인이 가능하며, 필요시 다시 카메라 버튼을 눌러 다른 학생들을 추가로 인식시킬 수 있습니다. 인식된 학생도 카

드 방향을 바꾸어 다시 인식시키면 답이 바뀌어 입력됩니다.

　화면은 선생님만 볼 수 있으므로 학생들은 다른 학생이 몇 번에 답 했는지 알 수 없어서 공정한 평가가 가능합니다.

2. 플리커스 활용시 유의할 점

　(1) 정답카드에 아이들의 이름을 각각 적어 놓는 것이 좋습니다. 아이들이 플리커스 정답카드의 번호를 정확하게 알지 못하는 경우도 있을 수 있습니다. 미리 세팅한 번호대로 간단히 이름을 적어두면, 나누어주기도 편리합니다. 쓰고 나면 다시 회수하여 잘 보관하면 됩니다.

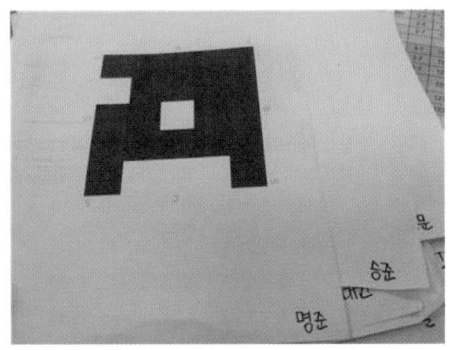

　(2) 플리커스의 문항은 기본적으로 4지선다여서 예시가 5개인 문항을 못 만드는 것이 단점이지만 정답이 5번일 경우 카드를 들지 않는 방법으로 대체하면 됩니다. 너무 자주 활용해도 지루할 수 있으니 하루 2문제 정도가 적당합니다.

　(3) 형성평가뿐만 아니라 학급회의나 첫 수업에서 학생들의 수준을 가늠할 때도 유용합니다. 문제 세트를 만들 때부터 Graded 가 아니라 Survey를 선택하면, 정답이 있는 퀴즈가 아니라 아이들의 솔직한 생각을 앙케이트 조사하듯 알아볼 수 있습니다.

(4) 학습이 끝나면 학생들의 답변 내용을 [Reports]메뉴에서 다시 확인할 수 있습니다.

이전에 답변 받은 문제 목록과 간단한 통계가 나타납니다. 자세하게 알고 싶은 문제를 선택하면 이전 응답 결과를 확인할 수도 있고, 개인별 답변 내용도 확인할 수 있습니다.

[Scoresheets]를 선택하고 학급과 기간을 선택하면 그 기간 동안 학생들이 답변한 내용과 각각의 문제에 대한 답변 여부, 점수(정답률) 등을 한 번에 확인 할

수 있게 나타납니다. 이런 정보는 나중에 개인별 점수 처리를 하거나, 피드백을 할 때 유용하게 활용할 수 있습니다.

[Scoresheets] 화면에서 우측 상단에 [Export Data]버튼을 누르면, CSV 형태로 내보내서 저장하면 엑셀로 불러들여 작업할 수도 있습니다.

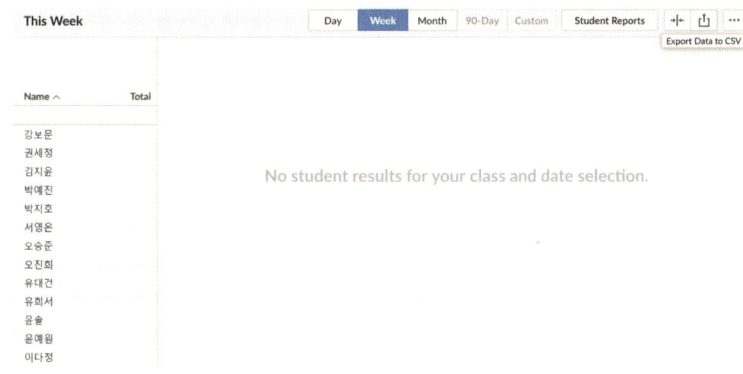

(5) 플리커스 앱을 실행하고 기존에 미리 만들어둔 문제를 선택하거나 새로운 문제를 만들고 나면 카메라를 통해 스캔할 수 있는 화면이 나옵니다. 이때 학생들의 정답카드를 훑으며 스캔을 하면 자동으로 정답을 인식해서 그 결과를 바로 보여줍니다. 꼭 모든 학생의 정답이 한 화면 안에 들어가야 할 필요는 없습니다.

이때 주의할 점은 넓은 화면으로 스캔한다고 가로로 길게 휴대전화를 눕혀서 찍으면 안 된다는 것입니다. 그럴 때 휴대전화의 위쪽이 여전히 기준점이 되기 때문에 학생들의 정답을 다르게 인식하게 됩니다.

(6) 교과전담 교사라 문제를 다 사용한 후, 다른 반에서 다시 사용할 때는 [History] 탭에서 [질문] 선택 -> [메뉴]버튼 -> [clear response]하면 응답이 삭제되고 재활용 가능합니다.

(7) 플리커스(Plickers) 앱을 설치하고 카드 인식을 위해서 카메라를 작동시키면 화면이 검게 나오면서 카메라 화면이 안 나오는 경우가 있는데 이는 안드로이드 6.0 부터 강화된 보안정책 때문입니다.

이런 경우에는 스마트폰에서 [설정] - [애플리케이션 관리] - [애플리케이션 관리자 메뉴]로 이동해서 [Plickers] 앱을 선택하고, [Plickers 애플리케이션 정보] 창이 뜨면 [권한 메뉴]를 선택하고 [카메라 권한]을 '사용'으로 바꾸면 됩니다.

38 패들렛으로 로그인 없이 웹담벼락에 글쓰기

　대부분의 학교 PC는 보안 프로그램으로 인해 컴퓨터에 저장하기 힘듭니다. 그렇다고 USB를 들고 다니기는 번거로운 데다가 아이들 모두 준비시키는 것도 쉽지 않습니다. 이메일을 이용하자니 아이들은 자기들 게임 아이디/비번 외엔 잘 모르는 경우가 많습니다. 아무리 좋은 서비스를 적용하려 해도 "선생님 저 아이디 까먹었어요!"라고 부르면 원활하게 수업을 진행하기 힘듭니다. 이런 고민을 단번에 해결해줄 특별한 서비스가 바로 일명 웹담벼락이라 불리우는 '패들렛'(Padlet) 서비스입니다. '패들렛'은 일종의 인터넷 화이트보드 사이트라고 할 수 있습니다. 담벼락을 만든 뒤 여럿이 함께 이미지나 링크, 워드 문서, 동영상 등을 올려서 자료를 보여주는 웹기반 서비스입니다. 협업을 할 수 있는 서비스는 많지만 특히 패들렛은 자료 배열을 자유롭게 할 수 있습니다. 훨씬 직관적으로 자료를 정리할 수 있어서 꼭 활용하길 권해 드리고 싶습니다.

1. 패들렛 서비스의 장점

패들렛은 로그인이나 권한부여 없이 페이지에 접근해 글을 쓰고 자료를 공유할 수 있어서 무엇보다 활용하기에 편리합니다. 로그인이 필요 없다는 장점은 수업할 때 특히 유용합니다. 우리나라 법에서 만 14세 이하의 어린이와 청소년은 자신의 정보만으로 웹사이트에 가입할 수 없어서 가입·로그인 자체가 큰 장벽입니다. 특히 아이를 대상으로 활동할 때 영타가 서툴러 로그인하는 과정에서 시간이 많이 소모됩니다. 패들렛에선 그게 해결되었습니다.

기존 교실에서 학생들의 의견을 모을 때 활용하던 도구는 매우 한정적이며 소모적이였습니다. 의견 교환을 하는데, 다른 친구들의 눈치를 보느라 하고 싶은 말을 못해 끝내 갈등의 불씨가 남습니다. 동등한 입장에서 이야기를 한다 해도 그게 쉽지 않습니다. 포스트잇이나 다양한 도구를 활용해도 면대면의 한계가 있습니다. 그래서 만들어진 것이 온라인 익명 게시판입니다. '패들렛'은 온라인 익명 게시판이지만 의견 제시와 수합이 편리하며 바로 워드프레스 등과 임베딩이 되기 때문에 옮겨서 객관적 근거로 제시할 수도 있으며 다양한 배경이나 배치를 통해 더욱 효과적으로 의견을 모을 수 있습니다.

그 외에도 교육적인 용도, 친목 도모, 알림판, 북마크, 토론, 브레인스토밍, 노트, 퀴즈, 이벤트 계획, 목록 만들기, 동영상 보기, 피드백 수집 등 다양한 방법으로 사용이 가능합니다.

2. 패들렛을 활용한 수업의 실제

(1) 패들렛 사이트(https://ko.padlet.com/) 에 접속해 회원 가입한다.

(2) [MAKE A PADLET]버튼을 눌러 패들렛을 생성한다.

패들렛을 생성할 때에는 포맷(형태)을 하나 선택해야 합니다.
　① WALL　② CANVAS　③ STREAM
　④ GRID　⑤ SHELF　⑥ BACKCHANNEL

정렬을 편하게 하기 위해서는 'GRID' 형태를 주로 사용하고 모둠별 과제를 할 때에는 'SHELF' 형태도 가끔 사용합니다.

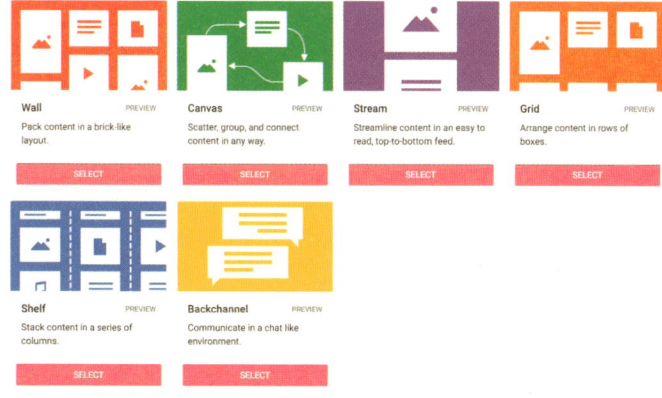

(3) CANVAS 형태를 활용하면, 올린 글들 간에 포함 관계를 화살표로 연결할 수 있다.

새 패들렛 생성 후에 오른쪽에 정보를 수정하면 패들렛 제목과 간단한 설명을 추가할 수 있습니다.

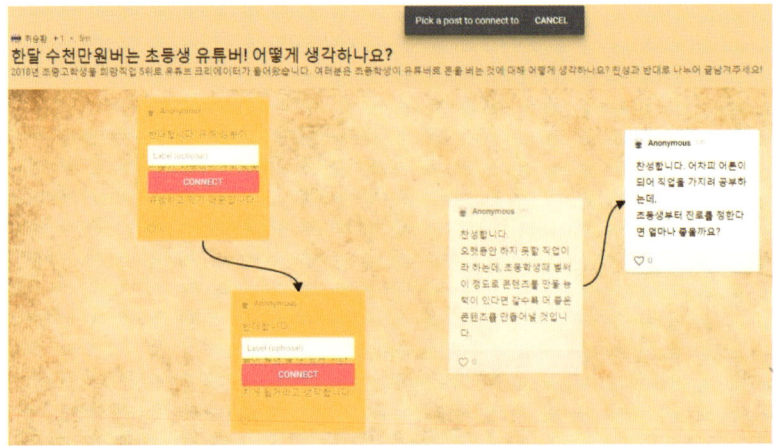

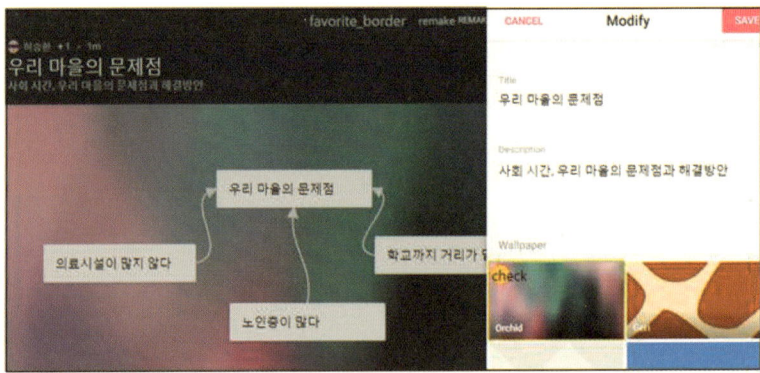

(4) WALLPAPER에서 원하는 배경을 선택해 줄 수 있다.

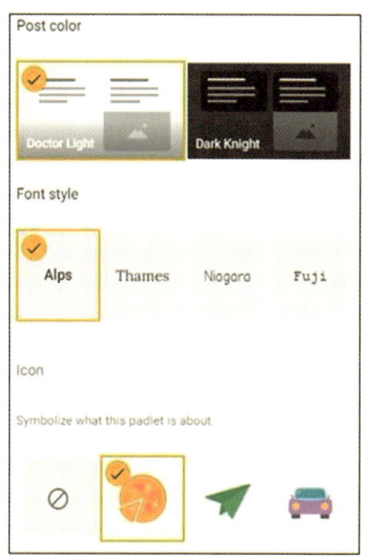

[Post color], [Font style], [Icon]도 원하는 주제의 성격에 맞게 수정할 수 있습니다.

NEW POST POSITION에서 FIRST와 LAST 선택에 따라 최근 글과 예전 글이 먼저 위에 올라와 있을 수 있도록 선택할 수 있습니다. 특히 COMMENTS를 활성화해 주면, 아이들이 올린 글에 친구들이 직접 댓글을 달 수 있어서 결과물에 대한 피드백도 가능해집니다.

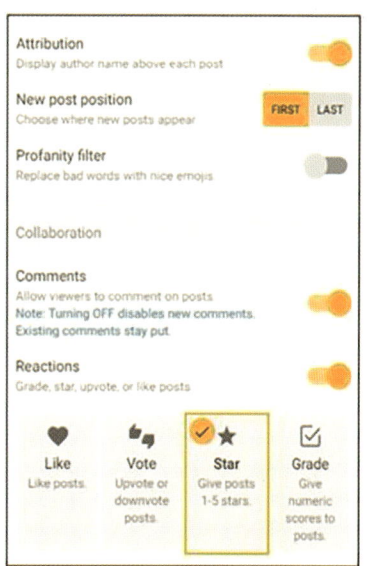

REACTION 중에서 한 가지를 선택하면, 게시 글에 대해 친구들이 간단히 '좋아요' 나 '싫어요', 또는 점수를 매길 수 있습니다.

(5) 생성한 패들렛의 주소가 복잡할 경우, 주소를 수정할 수 있다.

http://ko.padlet.com/아이디/(원하는 글자로 수정한 다음 오른쪽 하단의 [담벼락 수정])을 클릭하면 패들렛 주소를 손쉽게 수정할 수 있습니다. 학생들이 입력하기 쉽도록 간단하게 숫자로 하거나 짧은 영단어를 쓰게 하는 것이 좋습니다.

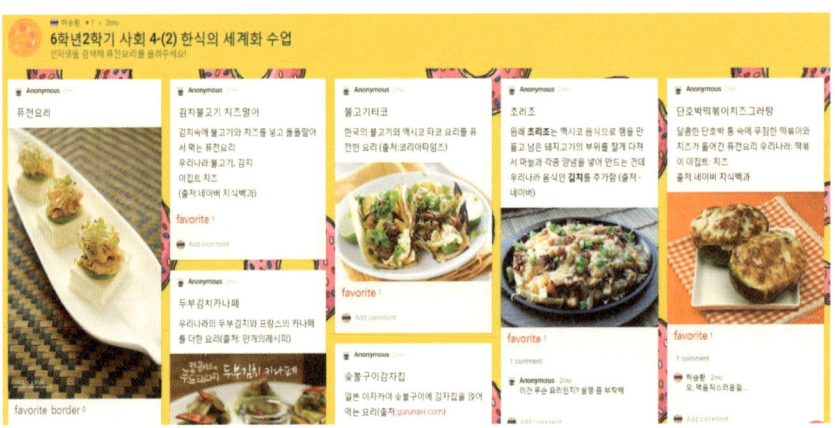

3. 패들렛을 좀 더 특별하게 활용하는 비법

(1) 주소 입력을 어려워한다면, QR코드로 만들어 제시한다.

[SHARE] 메뉴의 [EXPORT]를 선택하면, 주소를 QR코드로 만들어 줍니다. 아이들이 각자 휴대전화에서 QR코드를 스캔하여 접근할 수 있도록 공유해주면 됩니다. 학습지로 만들어 제시할 수도 있습니다.

(2) 브라우저의 확장기능을 사용하면 유튜브 동영상이나 인터넷 뉴스를 보다가 패들렛 아이콘 클릭 한 번으로 콘텐츠를 게시할 수 있어서 자료 수집이 편리하다.

유료 서비스는 더 안정적이고 보안 수준이 높은데, 교사는 월 5달러를 내면 학생 수에 상관없이 이용할 수 있습니다.

HP리빌로 증강현실 보물찾기

오래전 일본 세이부 카메라 앱을 활용하면 허공에 글을 쓸 수 있다는 걸 알고 나서 얼마나 흥분했는지 모릅니다. 교실에서 공부하고, 공부한 내용들을 운동장 곳곳에 숨길 수 있다면 얼마나 재미있을까? 교실을 벗어나기만 해도 행복해하는 아이들을 위해 수업을 준비하고 있었는데 갑자기 앱이 사라져 버렸습니다. 그 이후에도 증강현실과 관련된 여러 앱들을 찾아봤지만, 대부분 만들어놓은 자료를 활용할 뿐이지 교사가 직접 수업에 활용할 수 있는 증강현실 자료는 없었습니다. 그러다 AURASMA 앱을 발견했습니다. 이 앱 덕분에 아이들 미술작품 위에 휴대전화 화면을 대면 작품을 만든 아이가 왜 이렇게 작품을 만들었는지 설명하는 동영상을 넣을 수 있었습니다. AURASMA가 최근 'HP REVEAL'로 이름을 바꾸며 더욱 편리해졌습니다.

"자! 이제 아이들과 교실이나 운동장에서 보물찾기 한번 해보실래요?"

1. HP리빌(HP REVEAL) 앱 활용하기

　HP리빌 앱을 이용하면 교과서에 대한 설명이나 문제에 대한 해설, 또는 실험 장면 등을 촬영해서 교과서 내에서 연동시켜 쉽게 증강현실을 만들 수 있습니다. 이천중학교 김정식 수석 선생님은 마치 해리포터 영화에 나오는 신문처럼 신문 위에 사진이 말을 하거나 신문기사가 설명을 해주는 모습을 구현하기도 하셨습니다.

　교과서 실험 장면을 보고 있으면 실제로 실험 과정이 진행되고 결과까지 알려 준다면, 모르는 문제를 보고 있으면 그 문제를 친절하게 선생님이 설명을 해주고 풀어 준다면, 교과서에 나오는 사진을 보고 있으면 그 사진이 살아서 움직인다면 얼마나 재미있을까요?

(1) 교사가 할 일

① HP Reveal 앱을 설치한다.

② Overlay (화면에 보일 사진이나 동영상)를 준비한다
- 증강현실로 밑그림 위에 나타나서 보이게 될 사진이나 동영상을 준비한다.

③ 밑그림을 준비한다.
-교과서 그림이나 문제 화면을 밑그림으로 준비 한다.

④ 공개 채널(Public channel)을 만든다.
-작품(Auras)을 모아놓은 폴더라고 보면 된다.

⑤ Overlay(화면에 보일 사진이나 동영상)를 밑그림과 연결시킨 작품(Auras)을 만든다.
- 작품(Auras)은 1개의 Overlay를 밑그림과 연결시킨 것을 말한다.

⑥ 만들어진 작품(Auras)들을 공개 채널에 넣어서 모은다.
- 보통 작품(Auras)을 만들면서 바로 채널에 넣을 수 있다.

(2) 학생이 할 일

① HP Reveal 앱을 설치한다.

② 검색을 눌러 선생님이 공개한 공개 채널을 찾는다.

③ 공개 채널의 만든 이를 확인하고 이상이 없으면 팔로잉(following)한다.
- 교사가 만든 공개 채널을 팔로잉하면, 미리 만든 작품(Auras)들을 학생들도 볼 수 있습니다. 추가로 작품(Auras)을 만들어 공개채널에 넣어 놓으면 그 즉시 학생들도 같은 증강현실을 볼 수 있게 됩니다.

2. 아이들이 풀어야할 보물찾기 문제 Auras(작품) 만들기

실제로 학생들에게 보여줄 문제(Auras)를 만들어 봅시다. 사회 교과서에 있는 문제들을 미리 파워포인트 촬영해서 교과서 연습 문제를 스마트폰으로 비췄을 때 정답풀이 화면이 나타나도록 해 봅시다.

(1) 우측상단에 + 표시를 눌러 새로 만들기를 한다.

(2) 밑그림 이미지를 선택한다.

- 교과서 그림이나 문제 화면을 밑그림으로 둘 수 있습니다. 밑그림에 스마트폰을 가져다 대고 초록색이 나타나면 밑그림으로 사용할 수 있습니다. 단색이거나 너무 단순한 그림은 밑그림으로 사용할 수 없습니다.

(3) Overlay(화면에 보일 사진이나 동영상 또는 3D물체)를 선택한다.

① 기본 Library 에 들어있는 이미지를 활용할 수도 있지만, Device를 선택하면 미리 저장해둔 문제 이미지를 불러올 수 있습니다.

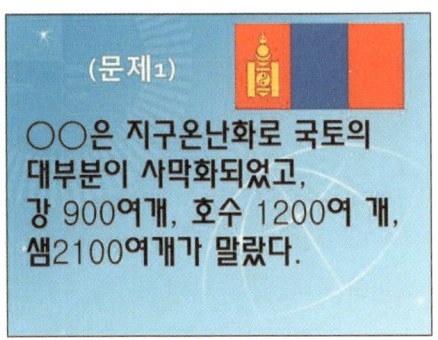

사전에 미리 파워포인트로 문제를 만들고, 저장할 때 [파일]-[다른 이름으로 저장], 파일 형식을 [JPEG파일 교환 형식]으로 저장하여 JPG 이미지 파일로 저장합니다.

② [Upload]를 누르면, [Camera]와 [Gallery] 두 가지 선택 버튼이 나타납니다. 이때 직접 촬영하려면 [Camera]를 선택하겠지만, 미리 파워포인트에서 저장한 JPEG파일이 있으므로 [Gallery]를 선택합니다.

③ [Photo]와 [Video] 중에서 [Photo]를 클릭하여 만들어둔 JPEG 파일을 선택합니다. 이때 [Video]를 선택하면 촬영해둔 동영상 파일을 Overlay로 올려둘 수 있습니다.

(4) 선택된 오버레이(Overlay)를 확인하고 다음을 누른다.

-사진을 올린 후에는 [Name your overlay] 화면이 나옵니다. 겹쳐 오버레이 되어 나타날 그림이나 영상의 이름을 입력합니다. 퀴즈를 낼 것이기에 [문제1]이라고 입력한 후, [Done]을 눌러 저장합니다.

(5) 밑그림 위에 오버레이 그림이 어떻게 보여지게 할지 크기와 위치를 조절한다.

- 오버레이(Overlay)의 이름을 저장한 후에는 올려둘 그림이나 영상이 나타납니다. 이때 화면의 좌우, 위아래, 대각선 등으로 화면을 늘리거나 줄여

크기와 위치를 조절합니다. 저는 되도록 큰 화면으로 볼 수 있도록 화면이 꽉 차게 나타내게 하는 편입니다.

(6) 오버레이를 밑그림과 연결시킨 Auras(작품)의 이름을 정한다.

① 작품(Auras)은 1개의 오버레이(Overlay)를 트리거 이미지와 연결시킨 것을 말합니다. 만들어진 작품(Auras)이 포함될 채널(폴더와 같은 개념)을 선택합니다. 이때 하단에서 [Public Auras] 채널을 선택합니다. 이래야 학생들이 선생님 아이디를 팔로우(Follow)할 때, 선생님이 만들어둔 문제(Auras)가 학생들 휴대전화 화면에 나타날 수 있습니다.

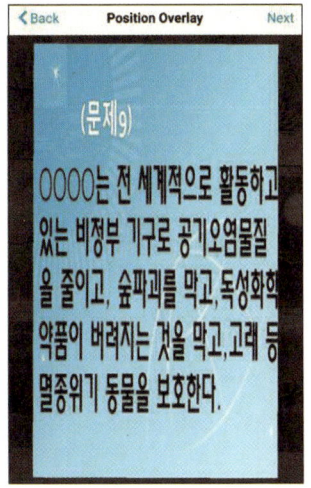 

② Submit(제출)을 눌러 문제(Auras)를 완성합니다.

3. 제작된 문제(Auras) 증강현실 확인 방법

HP 리빌 첫 화면에서 아래 사각형을 눌러 카메라 화면이 나오게 하고 제작한 Trigger 이미지(밑그림)를 비춰본다.

(1) 아래 사각형 스캔 버튼을 누른다.

(2) 교실 곳곳에 숨겨진 화면 부분을 비춰 본다. 숨겨진 이미지나 영상이 있을 경우 작은 원들이 확대 축소되어 나타난다.

(3) 미리 준비한 학습지에 정답을 적어 넣으며, 남은 문제들을 찾아 보물찾기를 계속 한다.

 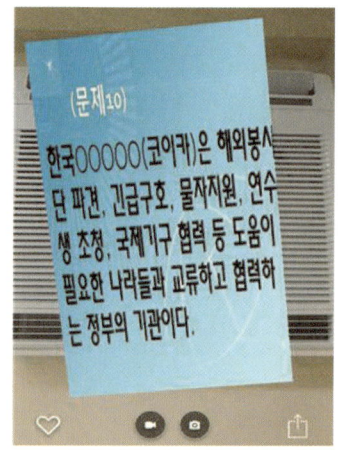

(4) 정해진 시간이 지나면, 자리로 돌아가고 선생님이 숨겨진 문제와 정답을 발표한다.

HP Reveal 로 교실 보물찾기 퀴즈

모둠 아이들 이름:

1. 구글마켓에서 'HP Reveal' 앱을 설치하고 실행한다.
2. 회원 가입을 한다.
3. 선생님 아이디 kidguard를 팔로잉한다.
   공개채널을 검색할때는 제작자 이름을 확인 하도록 하자.

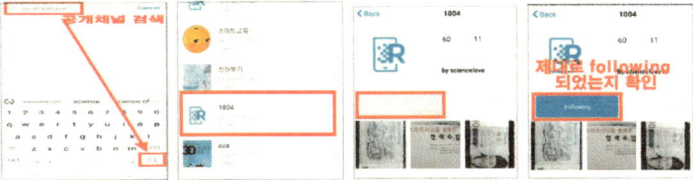

4. 스캔 기능을 이용하여 허공에 떠오르는 문제를 찾으면 정답을 입력한다.

5. 우리 모둠이 찾은 정답은?

문제 번호	정 답	채점O,X
1		
2		
3		
4		
5		
6		
7		
8		
9		
10		

6. 우리 모둠의 점수(1문제 10점): (   )점

4. 아이들이 들어올 수 있는 [공개 채널] 만들기

채널을 개인용과 공개용으로 만들 수 있는데 학생들과 함께 사용하기 위해서는 [공개 채널](Publice channel)을 만들어야 합니다. 채널은 여러 개 만들 수 있으므로 교육 목적에 맞게 다양하게 생성할 수 있습니다. 가능한 나중에 학생들이 검색해서 쉽게 접근할 수 있도록 이름을 만들어 주면 좋습니다.

(1) 문제(Auras) 이름을 입력하고, 채널을 선택하기 전에 [Create a new channel]을 선택한다.

(2) 제목과 간단한 설명을 넣고, Public(공개 채널)과 Private(개인 채널) 중에서 Public을 선택한 후 [Done]을 눌러 공개 채널을 만든다.

(3) 그럼 새로운 공개 채널이 나타나고 작품이나 문제(Auras)를 만들 때 공개 채널(Public Channel)안에 저장시킬 수 있다.

5. 교사가 만든 공개 채널에 팔로잉 하기

공개 채널을 학생들에게 공개하고 팔로잉을 시켜야 선생님이 만든 문제들을 볼 수 있습니다. 공개 채널을 검색할 때는 제작자 이름을 확인하도록 해야 합니다.

(1) 첫 화면에서 검색창에 선생님이 공개한 채널 명을 입력하고 자판에 있는 화살표 모양 아이콘을 누른다.

(2) 검색된 공개 채널들이 나타나면 그 중에 제작자를 확인하고 원하는 채널을 골라 선택한다.

(3) 채널 창이 열리면 좌측 상단에 [follow]를 눌러 팔로잉한다.

(4) 그럼 앞으로 이 채널에 올라오는 모든 작품(Auras)을 학생 스마트폰으로 볼 수 있다.

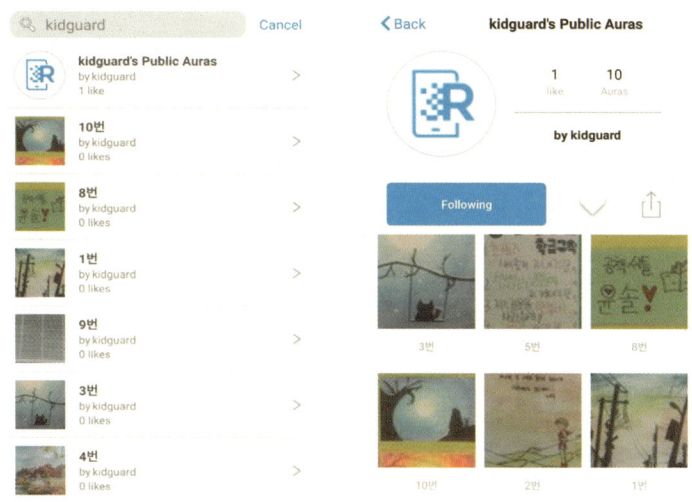

카드뉴스 만들며 정보의 생산자 되기

현대사회에서 미디어는 인간을 둘러싼 거대한 환경으로 성장했습니다. 참여와 공유를 바탕으로 한 쌍방향 커뮤니케이션이 중요해지면서 인간에게 보다 역동적인 커뮤니케이션 능력이 요구되고 있습니다. 아이들에게 스브스 뉴스를 예로 보여주었습니다.

스브스 뉴스는 SBS가 자신있게 내놓은 자식들이라 소개되며, 뉴스 동영상과 달리 몇 장의 카드뉴스로 단순하지만 강렬한 메시지를 전해줍니다. 아이들이 참여하는 수업을 진행할 때, 많은 선생님들이 모둠 신문을 만들게 하는 경우가 많은데, 카드뉴스를 만들며 어떤 이미지를 넣으면 좋을까 고민하는 과정, 어떤 문장을 넣어 사람의 마음을 끌 수 있을까? 사유하는 과정이 큰 공부가 될 거라고 생각했습니다.

1. 카드뉴스를 통한 디지털 리터러시 교육

미디어 수업이 어려운 점은 미디어가 살아 있는 매체라는 점입니다. 급변하는 미디어 환경, 쏟아지는 새로운 미디어 용어들을 따라잡기도 어려운데, 갈수록 경계가 모호해지는 유사 뉴스 정보, 가짜 뉴스까지 구별해야 하니 비판적인 뉴스 소비자가 되는 길이 여간 어려운 것이 아닙니다.

'디지털 리터러시'는 디지털 세계를 비판적으로 이해하고 활용하며 스스로 생산까지 할 수 있는 종합적인 능력을 뜻합니다. 최근 디지털 교육은 예전의 '컴퓨터 활용 학습'에서 '디지털 리터러시 교육'으로 진화하고 있습니다. 과거엔 컴퓨터 사용법 등 도구의 학습법만 가르쳤다면 디지털 리터러시 교육은 디지털 시민의식, 비판적 사고력까지 가르칩니다. 디지털을 통해 세상을 바라보는 법을 총체적으로 가르치는 것입니다.

'카드뉴스 만들기'를 통해 아이들은 단순히 도구의 학습법을 넘어 스스로 진짜 정보와 가짜 정보를 구별하고 선별하는 과정을 통해 비판적 사고력까지 기르게 됩니다.

2. 파워포인트를 활용한 카드뉴스 만들기

카드뉴스를 만드는 가장 쉬운 방법은 창체 시간, 컴퓨터실에 갔을 때 각자 파워포인트로 만들게 하면 됩니다.

(1) 파워포인트 프로그램을 실행한다.

(2) 삽입할 그림을 미리 인터넷에서 검색해 준비하고, 파워포인트에서 [파일]-[삽입]-[그림]을 선택해 준비한 그림을 삽입한다.

(3) [파일]-[삽입]-[도형]에서 사각형 도형을 삽입한다.

(4) 도형 위에서 엔터키를 치고, 카드뉴스에 넣을 글을 입력한다.

(5) 도형 위에서 마우스 오른쪽 버튼을 눌러 [도형 서식]을 고른 후, 투명도를 조정한다. 밝은 이미지라면 투명도를 30% 정도, 어두운 이미지라면 투명도를 70% 정도로 조절하시길 권합니다.

도형의 배치 방향에 따라 전혀 다른 느낌의 카드뉴스를 만들 수 있습니다.

(6) 좌측 기본 슬라이드 위에서 오른쪽 마우스를 클릭한 후, [슬라이드 복제]를 눌러 필요한 카드뉴스 숫자만큼 복제한다.

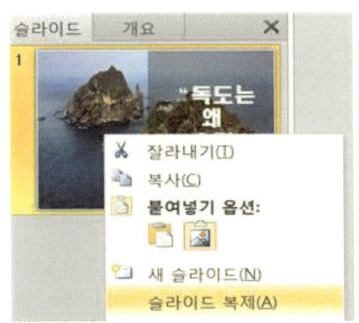

(7) 두 번째 슬라이드 사진 위에서 오른쪽 마우스를 클릭한 후, [그림 바꾸기]를 선택하여 미리 준비한 다른 사진이나 그림으로 바꾼다. 글씨도 함께 변경한다.

3. 카드뉴스 앱을 활용한 카드뉴스 만들기

카드뉴스 앱을 활용하면, 아이들도 손쉽게 카드뉴스를 만들 수 있습니다. 기본적인 템플릿을 제공하기 때문에 따로 준비한 사진을 불러올 수도 있고, 준비된 예쁜 이미지를 활용할 수도 있습니다.

주로 'Q카드뉴스'나 '좋카만' 앱을 활용해 지도했는데, 앱의 활용 방법이 어렵지 않고 직관적이라 쉽게 지도할 수 있습니다. [Q카드뉴스] 앱을 활용하는 방법을 중심으로 소개드립니다. 유튜브에 검색해보면, Q카드뉴스 만들기 동영상이 있어서 사전에 보여주고 지도하면 됩니다.

(1) 구글마켓에서 'Q카드뉴스' 앱을 설치한다.

(2) 'Q카드뉴스' 앱을 실행하고, [만들기]를 클릭해 시작한다.

(3) 제공하는 템플릿 화면에서 원하는 템플릿 예제를 클릭한다.

(4) 간단한 카드뉴스를 만들기 위해 '비너스체'를 선택한다.

(5) 하단의 [제목]을 선택하여 원하는 제목을 입력한다.

[제목 설정] 화면에서는 글꼴과 제목 색상, 폰트 정렬, 폰트 크기 등을 조정할 수 있습니다.

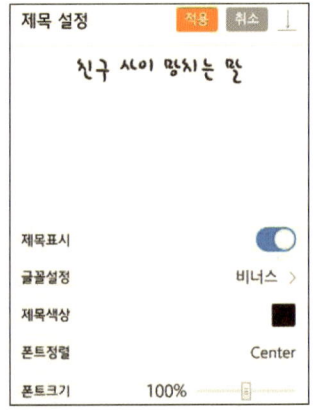

(6) 하단에서 [본문]을 선택하여 본문의 내용을 수정하고 [적용]을 누른다.

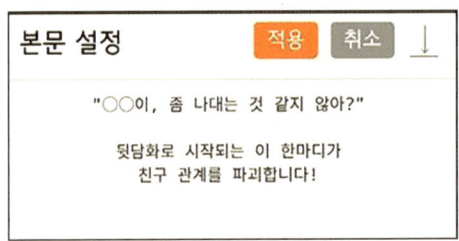

(7) 하단의 [이미지]를 선택하면, 미리 준비한 사진을 배경으로 넣을 수 있다. 기본 사진첩에 있는 이미지를 선택해도 좋고, [MY갤러리]를 클릭합니다.

[이미지 캡처]를 선택하면, 직접 카메라로 배경을 찍을 수 있고, [문서]를 클릭하면 저장해둔 갤러리의 사진을 불러올 수 있습니다.

(8) 하단의 + 키를 누르면 카드뉴스 한 장을 추가로 늘려 작업할 수 있다.
작업을 마친 후에는 디스켓 모양의 아이콘을 눌러 저장하면 됩니다.

4. 카드뉴스 만들기 지도시 유의할 점

(1) 카드뉴스 앱은 미리 집에서 다운로드 받아 오도록 안내합니다.
학생들이라 데이터 용량이 제한되어 있는 경우가 많습니다. 미리 집에서 다운로드받아 오게 하면, 더 많은 아이들이 교실에서 수업에 참여할 수 있습니다.

(2) 인터넷에 있는 자료보다 선생님이 직접 만든 카드뉴스를 보여주며 도입하는 것이 아이들의 마음을 동기 유발하게 시킬 수 있습니다. 2018년 2학기를 마

치며, 국어 시간을 활용하여 '2018년 나만의 5가지 키워드'란 주제로 수업을 진행했습니다. 이때 주말에 먼저 저부터 5가지 키워드를 정리했습니다.

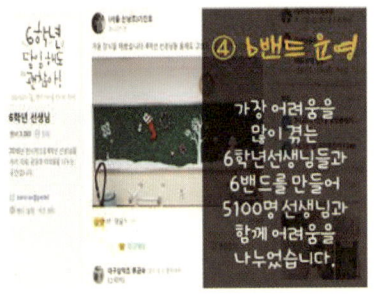

글을 쓰기 전에 간단히 A4용지에 개요를 작성할 시간을 주었습니다. 종종 휴대전화가 없다고 놀고 있는 아이들이 있습니다. 그럴 때는 먼저 개요를 작성하고 친구의 휴대전화로 작업할 수 있도록 모둠을 짜주었습니다.

우리 반 아이들 작품을 몇 편 소개드립니다.

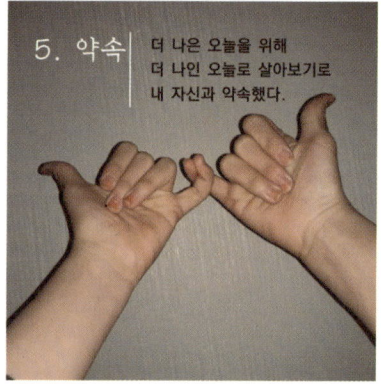

(4) 꼭 컴퓨터나 휴대전화를 활용해야 하는 것은 아닙니다. 간단히 A4용지를 나누어주고 카드뉴스를 만들게 해도 됩니다. 이때에는 필요한 사진 등을 선생님이 교실 프린터기로 인쇄해 붙일 수 있도록 도와주셔야 합니다.

(5) 학생들이 만든 카드뉴스를 화면으로 보여줄 수도 있지만, 출력하여 교실 게시판에 붙이고 반 친구들에게 둥근 스티커를 8개씩 나누어 주었습니다. 가장 마음에 드는 작품에는 3개, 두 번째로 마음에 드는 작품은 2개, 괜찮다고 생각되는 작품은 1개를 붙일 수 있도록 해서 상호평가하게 하니, 더욱 열심히 친구들 작품을 살펴보았습니다.

(6) PC용으로 집에서 작업할 때에는 망고보드 (http://www.mangoboard.net/)같은 카드뉴스 만들기 사이트를 활용해 보세요. 수많은 템플릿에 감탄할 것입니다!

'포켓몬 고' 게임처럼 공 던져 문제 모으기

'포켓몬 고' 게임은 2016년 7월에 출시한 스마트폰용 포켓몬 시리즈 스핀오프 모바일 애플리케이션(앱) 게임입니다. 증강현실을 이용해서 현실에서 나타나는 포켓몬을 잡거나 즐기는 컨셉의 게임입니다. 호주, 뉴질랜드, 미국에서 증강현실(Augmented Reality, 이하 AR)을 활용한 롤플레잉 모바일 게임 '포켓몬 고'가 출시된 이후 풍경은 난리가 났다고 표현할 수 있을 정도입니다. 나이언틱이 개발한 '포켓몬 고'가 출시 후 현재까지 약 2조 원을 번 것으로 조사됐습니다. 하루 평균 약 22억 원을 번 셈입니다.

'포켓몬 고' 게임은 전국을 돌아다니며 야생의 '포켓몬스터'를 수집 및 육성하고, 여러 사람과 교류해 특정 지역에 도전하는 것이 주요 특징입니다. 이러한 IP가 GPS 및 AR와 만나 시너지 효과를 일으키고, 현실에서 실제 게임 세계에 있는 듯한 느낌을 제공해 게임과 현실의 경계가 무너졌다는 평가까지 나왔습니다. 국내 역시 '포켓몬 고' 열풍에 휘말렸습니다. 처음 게임 출시 국가에서 제외돼 국내 게이머에겐 즐길 방법이 없었으나 게임 내 구분 방식에 의해 강원도 속초, 양구,

고성 등 국내 플레이 지원 지역이 발견되며, 여름 휴가철과 겹쳐 게이머들이 강원도로 엄청나게 몰리기도 했습니다.

이렇게 아이들을 열광시켰던 '포켓몬 고' 게임을 운동장에서 아이들과 참여수업으로 할 수 있다면, 아이들은 얼마나 흥분할까요?

1. 증강현실 게임 '바바' 활용하기

증강현실 콘텐츠 스타트업 '바바랩'이 개발한 무료 증강현실 앱인 '바바'의 인터페이스는 AR게임 '포켓몬 고'와 매우 흡사합니다. 맵 위에 몬스터들이 떠있고, 유저는 해당 몬스터까지 직접 걸어가 사냥을 시작합니다. 여기에 '공'을 던지면서 진행되는 사냥방식까지 모두 '포켓몬 고'의 그것을 연상케 합니다. 그러나 '바바'의 핵심은 이 같은 AR게임 콘텐츠가 아닙니다.

'바바'는 누구나 손쉽게 무료로 AR콘텐츠를 만들어낼 수 있다는 점이 핵심입니다. 선생님이 바바랩 공식 웹사이트에서 제공되는 '프론트'를 활용해서 자신만의 AR콘텐츠를 만들어낼 수 있다는 사실입니다. 방법도 간단합니다. 구글 지도 위에 위치를 지정하고, 그 위로 이미지 파일만 업로드 하면 됩니다. 그렇게 업로드가 완료되면, 실시간으로 해당 위치에 AR콘텐츠가 형성됩니다.

(1) 구글마켓에서 '바바 증강현실-BarBar' 앱을 내려받는다.

(2) 운동장에서 아이들이 발견해야 하는 이미지를 작성한다.

학교 교표를 활용해서 아이템 번호를 달아 만들면 됩니다. 이럴 경우에는 나중에 이 아이템을 모아오면, 그 번호에 해당하는 문제를 풀 수 있도록 기회를 주면 됩니다.

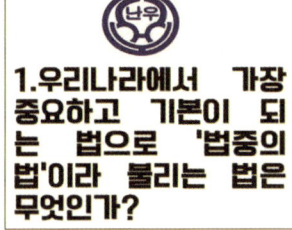
아예 문제 번호와 문제를 이미지 파일로 만들어서 운동장에서 잡아온 '문제'만 풀 수 있도록 해도 재미있습니다.

(3) '증강현실 바바' 앱에서 학교 이름을 검색하면 학교 주변 지도가 나타난다.

지도에서 학교 운동장의 한 부분을 클릭하면 말풍선 아이콘이 나타난다.

(4) 말풍선 아이콘을 클릭하면 '장소'와 '설명', 그리고 미리 준비한 이미지를 등록할 수 있다.

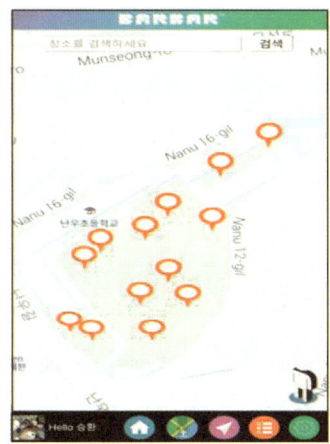 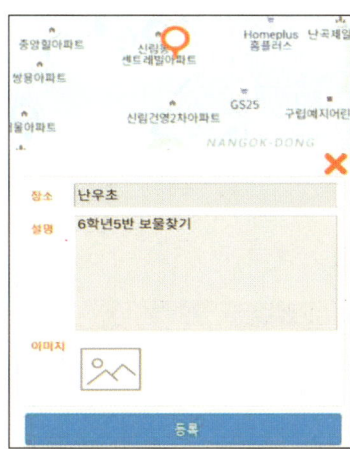

(5) 학생들은 'Log in with Facebook' 대신 '로그인 없이 입장' 버튼을 클릭하고 들어와 자기 닉네임을 등록한다.

(6) 하단의 5가지 아이콘 중에서 3번째 아이콘을 클릭한다. 주변에 보이는 아이콘 중에서 가장 가까운 아이콘을 향해 걸어간다.

(7) 가까운 위치의 아이콘을 클릭하면, 'CATCH' 화면이 뜬다. CATCH 버튼을 눌러 도전한다.

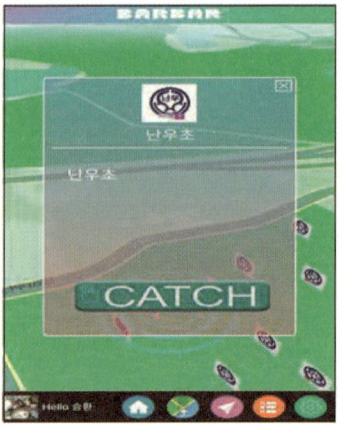

(8) 화면에 나타난 이미지를 향해 앞에 있는 공을 끌어 던진다. 포켓몬 고 게임과 달리 던질 수 있는 횟수 제한이 없어 계속 던질 수 있다.

(9) 공에 맞으면 SUCCESS 메시지와 함께 그 아이콘을 가져갈 수 있다.

(10) 하단의 아이콘 중에서 4번째 아이콘을 누르면, 자신이 포획한 이미지를 확인할 수 있다.

2. 증강현실 '바바' 활용시 유의할 점

증강현실 게임은 아이들에게 아주 특별한 수업을 제공해 주지만, 사전에 지도해야 할 부분이 있습니다.

(1) 보행시 안전사고가 나지 않도록 지도합니다.

일본에서는 '포켓몬 고' 출시 나흘 동안 36건의 교통사고가 발생했고 이중 부상자가 발생한 사고는 4건이나 됐습니다. 대만에서도 출시한 지 66시간 만에 교통법규 위반으로 벌과금이 부과된 사례가 861건이었습니다. 이동하며 스마트폰을 주시한 채 포켓몬을 사냥하는 게임의 특성상 보행자는 물론 운전자 사고까지 발생할 위험이 크기 때문입니다.

연구에 따르면, 스마트폰을 이용하는 사람의 보행 속도는 초당 1.31m로 일반인의 정상 보행 속도인 초당 1.38m보다 더딥니다. 소리로 주변 상황을 인지하는 거리가 평소보다 40~50% 줄고 시야 폭은 56% 감소하며 전방 주시율은 15% 정도로 떨어집니다. 이 때문에 스마트폰 이용자는 보행 중 다른 보행자나 차량과 충돌·낙상 위험이 크게 늘어납니다.

증강현실 '바바' 게임을 할 때도 자칫 운동장에서 이동하다 저학년이나 중학년 아이들과 부딪혀 안전사고가 나지 않도록 조심해야 합니다.

(2) 공부했던 내용을 복습할 때에는 던져 나온 이미지의 문제를 풀고, 문제를

풀었을 때에는 해당하는 번호의 힌트 단어를 제공하는 것이 좋습니다.

예를 들어 4번 문제를 풀었다면, 선생님께 다가와 4번 문제의 답을 이 야기합니다. 정답이 맞을 경우, 선생님은 4번 힌트 단어인 '거'를 줍니다.

4
거

이렇게 모은 글자를 하나하나 순서를 맞추어 정답을 맞히면 됩니다. 아래 힌트 카드의 문장은 '거중기를 만든 사람은?' 입니다. 따라서 아이들은 '정약용'이라고 정답을 맞혀야 합니다.

1	2	3	4	5	6	7	8	9	10
를	기	?	거	은	중	사	든	람	만

(3) 휴대전화에 따라 이미지가 지도에 나타나지 않는다면, GPS 기능을 켜도록 합니다.

휴대전화에 따라 데이터를 절약하기 위해 GPS 기능을 꺼놓은 경우가 있습니다.

① 아이폰의 GPS 설정법:
   [설정] - [일반] - [위치서비스]에서 항목을 설정하면 됩니다.

② 안드로이드의 GPS 설정법:

안드로이드의 경우, [설정]-[위치 및 보안]에서 [GPS 위성 사용] 항목을 체크하면 됩니다. 바로 아래에 [GPS 도우미 사용] 항목은 a-GPS를 뜻하는 항목으로 조금 더 빠르게 GPS를 잡고 싶을 때 이 항목을 함께 체크해주면 됩니다. 단 배터리와 데이터 소모가 있을 수 있으니 유념해야 합니다.

일 년 '요리로 즐거운 교실' 프로젝트

2013년 서울 학습연구년 교사로 뽑혀 핀란드와 노르웨이, 스웨덴의 선진 학교들을 둘러볼 기회가 있습니다.

선진 학교에서의 교육은 책상에 앉아 교과서를 중심으로만 공부하는 게 아니라 노작 체험 중심의 교육활동으로 목공예, 도예, 난타, 사물놀이 수업 등을 통해 즐거운 배움을 경험하고 있었습니다.

특히 핀란드 초등학생들이 목공실 목공 수업을 통해 실생활에서 쓰는 책상과 의자를 직접 디자인하고 만들어보는 모습을 보면서, 재료 하나를 구입하는 것부터 막히는 학교 현실이 안타까웠습니다. 그들은 목공실에 준비된 자재를 톱이 아니라 안전하게 설비된 기계로 자르며 생활 속에서 필요한 물건들을 직접 만들고 있었습니다.

텃밭에서 직접 식물을 기르고, 도예 수업을 통해 흙을 빚어 다양한 모양으로 도자기나 실용적인 그릇, 접시 등을 만들며, 학생들은 높은 성취감을 느끼고 있었습니다.

2014년 학교로 돌아오면서 목공과 도예는 어려워도 텃밭을 가꾸며 텃밭에서 키운 상추와 고추 등으로 삼겹살 파티를 하고, 자연과 함께 하는 교육을 실천하려고 노력했습니다.

또 하나 관심을 가지고 실천한 프로젝트가 바로 '요리'였습니다. 핀란드나 스웨덴 등의 학교에는 하나같이 '조리실'이 있어서 보다 청결하게 학생들이 요리를 하고 있었습니다.

아빠가 엄마와 함께 요리를 하는 가정은 무언가 다릅니다. 아이들에게도 엄마만 일하지 않고 가정에서 엄마, 아빠가 함께 요리를 하며 노동의 즐거움을 느낄

수 있는 행복한 모습을 꿈꾸도록 돕고 싶었습니다.실과 4단원. 건강한 식생활의 실천과 관련하여 2015 개정 교육과정에서는 5가지 성취기준을 제시합니다.

> [6실02-01] 건강을 위한 균형 잡힌 식사의 중요성과 조건을 알고 자신의 식사를 평가한다.
> [6실02-02] 성장기에 필요한 간식의 중요성을 이해하고 간식을 선택하거나 만들어 먹을 수 있으며 이때 식생활 예절을 적용한다.
> [6실02-04] 다양한 식재료의 맛을 비교·분석하여 올바른 식습관 형성에 적용한다.
> [6실02-09] 안전과 위생을 고려하여 식사를 선택하는 방법을 탐색하고 실생활에 적용한다.
> [6실02-10] 밥을 이용한 한 그릇 음식을 위생적이고 안전하게 준비·조리하여 평가한다.

성취 기준이 담기도록 유의하며 '실과 4.건강한 식생활' 관련해 10번의 '요리' 프로젝트를 준비했습니다.

	1학기		2학기
3월	과일 꼬치 만들기	9월	밥을 이용한 요리 만들기
4월	떡볶이, 라볶이 만들기	10월	밥 한상 차리기
5월	어버이날 케이크 만들기	11월	세계 여러 나라의 요리
6월	면을 이용한 요리 만들기	12월	한식의 세계화 요리
7월	빵을 이용한 요리 만들기	2월	포트럭 파티

1. 우리 반 일 년 요리 프로젝트

(1) 3월 과일 꼬치 만들기

3월에는 딸기, 방울토마토, 파인애플, 사과 등 다양한 과일들을 활용해 과일 꼬치를 만들었습니다. 일단 요리를 처음 시작할 때 불을 사용하지 않고, 앞으로 한 해 요리를 할 때 어떤 점을 주의해야 하는지 이야기를 나눌 수 있는 좋은 시작이라 생각합니다. 요리를 준비하는 시간이 짧습니다. 게다가 집에서 미리 과일을 잘라 락앤락 통에 담아오게 하면 시간은 더욱 절약됩니다. 한 시간이면 준비하고, 먹고, 정리할 수 있습니다.

(2) 4월 떡볶이, 라볶이 만들기

떡볶이는 떡볶이떡 또는 가래떡을 주재료로 하는 한국 요리입니다. 여기에 일반적인 떡볶이는 떡볶이떡 또는 적당한 크기로 자른 가래떡에 여러 가지 채소와 매운 고추장 등의 양념을 넣어 볶은 음식으로, 남녀노소 불문하는 한국의 대표적 길거리 음식입니다. 본격적으로 불을 사용한 요리를 시작하기 전에 아이들과 손쉽게 만들 수 있어서 두 번째 요리로 정했습니다.

특히 집에서 미리 엄마표 레시피를 조사해오도록 하면, 각기 다른 맛들을 느낄 수 있습니다. 요즘은 요리를 하면서도 휴대전화로 '황금레시피' 등을 검색하게 하면 평소에 집에서도 쉽게 도전하고픈 마음이 들게 합니다. 개인적으로 tvN '집밥 백선생' 방송에서 백종원이 알려준 방법들을 선호해서 간단히 영상으로 보여주고 시작했습니다. 특히 재료마다 익는 속도가 다르기 때문에 떡볶이 떡을 좀 더 일찍 넣어 익혀야 하는 부분에 대해 잘 모르고 있었습니다.

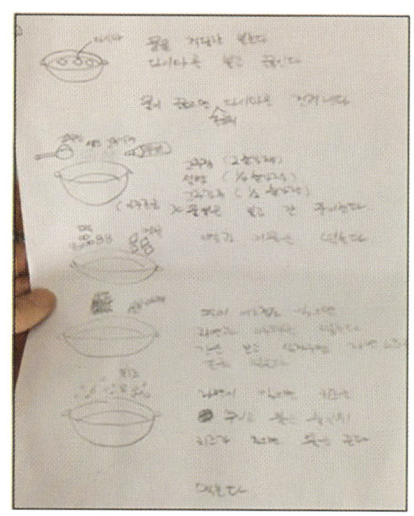

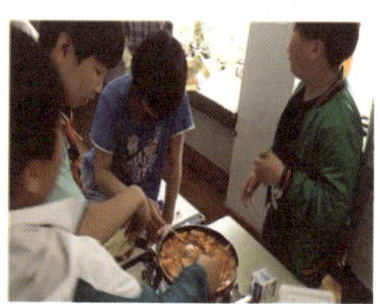

가스버너를 사용하기 전에는 늘 같은 질문으로 시작합니다. "오늘 요리를 할 때 선생님이 가장 걱정되는 것은 세 가지입니다. 선생님 마음을 맞추면 시작하겠습니다."

아이들의 입에서 "불을 조심해야 합니다.", "칼을 사용할 때 조심합니다.", "음식을 먹은 후, 뒷정리를 잘합니다." 이런 이야기가 나오면, 실제로 가스버너를 들고 옮기다 바닥에 불이 붙어 소화기로 껐던 옆 반 이야기 등을 들려줍니다. 결국 일 년내 교실에서의 모든 요리는 금지되고 말았습니다. 음식을 먹은 뒤 정리에 대해서는 좀 더 꼼꼼히 지도하셔야 합니다. 가장 많은 문제는 세면대에 먹고 남은 음식을 버려 개수구가 막히는 사고입니다. **국물 정도라면 변기에 버려도 되지만, 먹고 남은 음식물 들은 따로 담아 두었다가 급식후 잔반통에 담도록 지도합니다.**

(3) 5월 어버이날 케이크 만들기

3월 처음 만나 '일 년 요리 프로젝트'에 대해 설명할 때부터 어버이날 전에 용돈을 모아놓도록 안내합니다. 만약 돈이 부족하면 컵케이크 1000원짜리를 만들어도 된다고 했습니다. 빵케이크와 생크림, 과일, 케이크 종이상자, 초코펜 등을 준비해서 정성껏 준비하게 했습니다.

"어버이날, 부모님이 받으시면 가장 좋아하실 선물은 무엇일까요?"

사실 어렵게 발문했지만, 아이들의 비싼 선물을 기대하는 것이 아닐 거라는 것은 아이들도 잘 알고 대답했습니다. 부모님이 기뻐하시는 것은 선물에 담겨있는 여러분의 마음이라고……. "세상에서 가장 좋은 물은 무엇일까요? 바로 '선물'이라고 합니다. 그럼 선물 중에서 가장 좋은 선물은 무엇일까요?" 어리둥절할 때 "저는 여러분에게 가장 중요한 것이라고 생각합니다. 여러분에게 가장 중요한 것? 아마도 여러분의 목숨 아닐까요? 목숨은 여러분의 생명입니다. 그리고 생명을 준다는 것은 바로 여러분의 소중한 '시간'을 선물하는 것이라고 생각합니다. 종이학 선물이 왜 가치 있냐면 바로 종이학을 접는 동안 들인 그 사람의 마음이, 정성이 느껴지기 때문이 아닐까요?"

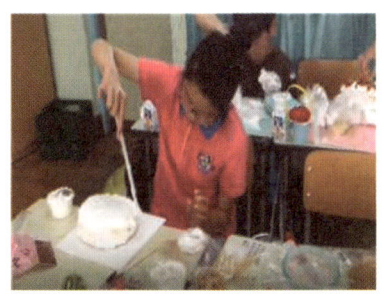 

'어버이날 프로젝트'이기 때문에 혹시 돈이 부족한 아이들도 어린이날 받은 용돈을 아껴모아 준비하도록 했더니, 모두들 잘 참여했습니다. 멋진 선물을 받은 우리 반 학부모님의 글 한번 읽어보실래요?

 황수경 (김세영맘) 6-5 화이팅~!
아이들에게 너무 행복한 추억으로 평생 남을겁니다^^
재료를 구하러 분주히 다녔던거, 케이크 디자인을 생각했던 시간들, 나름 잘만들었든 생각처럼 안되었든~~행복한 추억으로...
누군가가 생각을 꺼내주는 역활을 해주고
이끌어주면 아이들은
신기하게도 안해봤던 경험들도 잘해내는 능력쟁이들이죠~~!

교실에서 저렇게 하는게
여러가지 뒷마무리까지 선생님께서도 쉽지 않으셨을텐데...정말 대단하세요˘

하교후 케이크 상자를 들고 부모님께 드릴 생각에 들떠 있던 아이들은 거의 우리 반 이쁜이들 이더라구요^^
5월 9일 오전 7:20 · 😍 1 · 표정짓기

(4) 6월 면을 이용한 요리 만들기

우리 반 '일 년 요리 프로젝트'의 세 번째 시간은 '면을 이용한 요리'입니다.

세상에서 가장 맛있는 요리는 서툴러도 자신이 직접 만든 요리입니다. 아이들에게 사전 조사해보니, "우리 아빠는 엄마를 도와 요리해요."라는 아이가 26명 중에서 6명이었습니다. 엄마, 아빠가 함께 요리를 하고 맛있게 먹고 설거지도 같이 하면 얼마나 좋을까? 이야기 나누고 세 가지 주의할 점을 아이들에게 되묻습니다. 아이들이 맞추어야 시작하는 요리 시간

① 불, 칼 안전 조심
② 협력하여 함께 하기
③ 뒷정리 깨끗하게 잘하기

특히 혼자 다 하거나 아무 것도 하지 않고 돌아다니는 것을 경계하자고 부탁하고 맛있는 요리 시간을 가졌습니다.

2015년 6월 3일에 학급밴드에 적은 교단일기입니다.

> 1모둠은 '토마토 모차렐라 스파게티', 2모둠 여자는 크림 스파게티, 남자는 토마토 소스 스파게티, 3모둠은 우동, 4모둠도 우동, 5모둠은 잔치 국수와 골뱅이 무침, 6모둠은 쫄면을 만들었다.

> 시작하기 전에 'tvN 집밥 백선생 21편'의 파스타 요리 만드는 방법을 영상으로 보여주었다. '집밥 백선생'은 매 주마다 챙겨보던 방송, 그렇잖아도 주말에 이번 주 방송분인 닭볶음탕과 찜닭을 만들기로 한 터라 아이들에게 보여주고 싶어 준비했다. **분명한 것은 내가 요리에 관심을 가지게 되니, 아이들과 요리하는 순간이 더욱 즐거워졌다.**

(5) 7월 빵을 이용한 요리 만들기

7월 한 학기를 마치면서 준비하기 어렵지 않은 '빵을 이용한 요리'에 도전했습니다. 우리는 밥을 주식으로 하지만, 유럽의 많은 나라들은 밀을 이용해 빵을 만들어 먹고 살고 있습니다. 밀을 주식으로 하는 나라는 서아시아(사우디아라비아, 시리아, 이란, 이라크 등의 중동 지방, 이탈리아, 영국, 프랑스, 독일, 이탈리아, 스페인, 스위스, 러시아 등 유럽, 미국, 캐나다가 위치한 북미, 아르헨티나 등의 남미입니다.

요리를 준비할 때 국어 교과와 관련해 물어봤습니다. "빵은 어느 나라 말일까요?" 의외로 우리말로 생각하는 아이들이 많았습니다. 빵은 유럽인들의 주식인 만큼 유럽에서 단어가 생겼습니다. 라틴어로는 Panis고 불렸고 다른 유럽 언어들도 이와 비슷하게 불리게 됩니다. 하지만 우리나라의 '빵'이란 단어는 포르투갈어 빵의 단어인 '팡pao'이란 단어에서 유래가 되었습니다. 빵은 유럽에서 발전되었지만, 지금 국내에서는 사람이 많이 모이는 곳에는 언제나 빵집이 있을 정도로 보편화되어 있습니다. 그래서 구매하기가 쉽습니다. 요즘에는 편의점에서도 빵을 같이 판매하고 있으니 어디서든지 쉽게 구해서 먹을 수 있습니다.

"왜 유럽의 많은 나라들은 밥 대신 빵을 먹을까요? 빵을 먹으면 밥을 먹는 것보다 좋은 점이 있을까요?"

아이들이 충분히 생각하게 한 후에 대답을 들어봤습니다. "빵은 별도의 조리가 필요 없습니다.", "빵 그 자체가 완성품이기 때문에 그대로 먹어도 됩니다.", "간편하고 어디서든지 먹을 수 있습니다." 등 다양한 대답이 나왔습니다. 게다가 빵은 다양한 식품들과 조화를 이룰 수 있습니다. 우유, 커피, 생크림, 치즈 등 여러 유제품과 함께 먹을 수도 있고, 잼, 훈제 고기, 햄 등을 쌓아 올려서 먹을 수도 있습니다. 물론 햄버거도 이러한 원리로 생겼습니다.

어른들은 빵은 밀가루 음식이라서 먹지 말라고 하시는 분이 많지만, 그렇다면 유럽의 많은 국가에서 빵을 주식으로 먹고 사는 건 정말 위험한 일이겠지요? 사실 밀가루 자체가 나쁜 음식이라서 그렇기보다는 우리가 **가공을 많이 한 밀가루를 너무 많이 먹기 때문에** 문제가 생깁니다. 이런 부분을 미리 조사하고, 발표하며 공부하는 중에 생각을 교환할 수 있도록 한 후, 모둠별로 '빵을 이용한 요리'를 만들도록 했습니다.

모둠별로 조사하게 하니, 샌드위치, 햄버거, 반야(베트남 바게트), 계란빵, 도넛, 카레빵 등을 만들었습니다. 특히 피자에 도전한 팀이 있었는데, 작은 오븐을 가져와 또디야 피자를 만들어서 여러 친구들에게도 대접해 모두들 즐거워했습니다.

(6) 9월 밥을 이용한 요리 만들기

6학년 실과 교과서(동아)에는 4.건강한 식생활의 실천 단원에서 '전통 한식이 최고의 밥상이에요.', '밥을 이용한 한 끼 식사를 만들어요'라는 내용으로 9차시에 걸쳐 '밥을 이용한 요리의 좋은 점', 그리고 '밥을 이용한 요리하기', '식사할 때 지켜야할 예절'까지 공부하게 됩니다.

원래 '한식대첩' 방송은 올리브 케이블TV의 요리 서바이벌 쇼입니다. 2013년을 시작으로 2018년까지 고수외전이 방영되었습니다. 모둠별로 '밥을 이용한 요리' 한식대첩이라는 프로젝트 수업으로 진행하였습니다. 1모둠은 주먹밥, 2모둠은 김치볶음밥, 3모둠은 밥피자, 4모둠은 컵밥, 5모둠은 비빔밥, 6모둠도 컵밥을 만들었습니다. 한식대첩 거창한 이름처럼 다른 모둠에서 먹을 만큼 남은 5개 모둠용을 접시에 담아 여유 있게 준비하게 했습니다. 그런 후에 모둠별로 스티커를 주고, 자기 모둠을 제외한 모둠에 가장 잘한 모둠은 3개, 두 번째로 잘한 모둠은 2개, 세 번째로 잘한 모둠은 1개씩 주게 해서 한식 고수를 뽑았습니다. 늘 자기 모둠 먹을 것만 준비하고 자기들끼리 먹던 아이들에겐 색다른 경험이 되었습니다.

(7) 10월 밥 한상 차리기

'밥을 이용한 한 끼 식사를 만들어요.' 주제에 가장 충실한 요리 수업이 '밥 한상 차리기' 수업입니다. 의외로 집에서 밥솥으로 밥을 지어본 아이는 26명 중에 7명뿐이었습니다. 교과서를 중심으로 밥을 지으려면 어떻게 해야 하는지 공부하고, 집에서 가져온 생쌀을 씻고 냄비에 담아 밥으로 지어보았습니다. 아울러 밥 한상 차리기 주제에 맞게 밥과 어울리는 '미역국', '소고기국' 등을 함께 끓여 보았습니다.

1모둠, 2모둠은 된장찌개, 3모둠은 미역국, 4모둠은 부대찌개, 5모둠은 간장국, 6모둠은 김치찌개에 도전했습니다.

동기유발 삼아 '밥을 하는 모습'이라며 보여준 사진입니다.

수업을 시작할 때 "냄비에 쌀을 넣고 물을 얼마만큼 넣어야 할까요?"라고 질문해보면, 아이들이 밥을 해봤는지 안 해봤는지 알 수 있습니다. 해본 아이들은 "손등이 살짝 보일 정도"라고 잘 대답합니다. 대답이 안 나오면, "발을 담가 복사뼈가 보일 정도로 물을 부으면 됩니다."라고 진지하게 설명해주면 빵 터집니다.

저 역시 초등학교때 물을 넣는 방법을 몰라 아버님이 교통사고로 병원에 입원하시고, 어머님

은 옆에서 간병하게 되며 처음 살기 위해(?) 밥을 했던 기억이 납니다. 물을 너무 조금 넣어 생쌀을 씹는 느낌으로 배운 적 없이 밥을 해 먹었습니다. 그날의 실패로 인해 밥을 어떻게 하면 맛있게 할 수 있는지 고민하고 연구하게 되었습니다.

'한국인은 밥심으로 산다'는 말이 있을 정도로 밥은 한국인에게 중요한 음식입니다. tvN 수요미식회(2015.11.25.)에서 심영순 요리연구가는 좋은 밥맛을 위해서는 쌀을 씻을 때 빨리 씻는 게 중요하다고 말했습니다. 쌀이 첫물을 흡수하기 시작하면서 각종 불순물도 함께 흡수하기 때문입니다. 따라서 쌀을 씻을 때는 수돗물보다 정수나 생수를 사용해 재빨리 씻어내는 것이 좋습니다. 쌀은 4~5회 정도 씻습니다. 최근에 나오는 쌀은 도정이 잘 돼 있어 굳이 박박 씻어낼 필요는 없습니다.

쌀을 미리 불려 놓으면 밥을 지을 때 열도 잘 통하고 뜸이 잘 들어 좋습니다. 여름에는 30분, 겨울에는 1시간 정도 불립니다. 밥물은 쌀 부피의 1.2배(중량의 1.5배)가 되도록 붓는다. 불린 쌀은 쌀과 물의 비율을 1:1로 맞춥니다. 잡곡밥의 경우 1.7배 정도 물을 붓습니다.

전기밥솥을 이용하는 경우 취사 버튼만 누르면 되지만 냄비의 경우엔 다릅니다. 냄비로 밥을 지을 경우 센 불에서 10분 정도 가열하면 끓어 넘치려 하는데, 이때 중간 불로 줄여 5분 정도 끓여야 합니다. 밥물이 잦아들면 약한 불로 줄이고 10분 정도 뜸을 들입니다. 이후 불을 끄고 밥을 고루 섞어 5~10분 정도 후에 먹으면 됩니다.

수업을 마친 후에 알림장에 '냉장고를 부탁해 프로젝트'에 대해 안내했습니다.

 담임 허승환 소중한 자녀! 믿고 맡겨주셔서 감사합니다
2015년 6월 21일 오후 9:12

<실과 4.건강한 식생활의 실천 110~116쪽 '밥을 이용한 한 끼 식사만들기>

'밥을 이용한 한 끼 식사 만들기' 과제 나갑니다. 오늘부터 7월 5일(일)까지 2주일 사이에 부모님께

(1) 전기밥솥으로 직접 밥 한 끼 차리기
(2) 밥과 함께 할 수 있는 국 등의 반찬 함께 차려 대접하기

과제 나갑니다. 부모님이 드시는 모습 촬영해 인증샷 (부모님의 식사평까지 2줄로) 올리면, 실과 4단원 수행평가는 무조건 만점입니다!"

선생님도 주말맞아 '화요일 TV 방송되는 집밥 백선생5회에서 소개한 카레 만들기'에 도전해 가족들에게 차려주고 맛있게 먹었답니다. 여러분이 교실에서만 요리하지 않고 생활속에서 직접 요리를 하는 즐거운 사람으로 자라길 바라며!!

그리고 아이들이 올린 요리입니다. 교실에서 모둠별로 실습하고, 가정에서는 냉장고에 있는 재료와 밥솥을 이용해 직접 요리를 하는 경험, 아이들에겐 정말 소중한 경험이었습니다. 우리 반 학생 모두가 도전해 성공했고, 특히 많은 아이들이 만드는 장면을 동영상이나 사진 컷으로 하나씩 순서대로 준비해 올려줘서 다른 친구들에게도 도움이 되었습니다.

김유민의 '된장찌개와 차돌박이, 계란말이 요리'

서원희 유민맘!!!
요리에 관심이 많아 종종 엄마를도와 요리하는유민이랍니다^^ 오늘도 재밌다며 적극적으로 요리하여 맛있는 저녁식사를 하였답니다 늘~~새로운 경험의 기회를 주시는선생님께 감사드려요^^
7월 1일 오후 10:07 · ☺ 표정짓기

김민정의 '오삼불고기'

최영인의 '제육볶음'

김세영의 '크림스파게티'

(8) 11월 세계 여러 나라의 요리

11월에는 사회 3-(2)단원. '세계 여러 나라의 문화' 공부를 마치며 '세계 여러 나라의 음식'을 직접 요리하는 시간을 가졌습니다. 세계 여러 나라의 문화를 대표하는 음식을 만들어보며, 서로 다른 문화의 다양성을 이해하는 소중한 시간이었습니다. 전 시간을 통해 세계 여러 나라의 대표적인 요리를 알아보고, 모둠별로 모여 어느 대륙의 어떤 요리를 만들까 고민할 시간을 가졌습니다. 괜찮다면, 한번도 안 먹어본 요리를 해보면 좋겠다고 부탁했습니다.

1모둠은 이탈리아의 크림파스타,
2모둠은 스위스의 퐁듀,
3모둠은 영국의 샌드위치,
4모둠은 베트남의 월남쌈,
5모둠은 헝가리의 굴라시,
6모둠은 태국의 수끼

에 도전했습니다. 준비물 연락이 되지 않았던 3모둠은 주호가 혼자 샌드위치 준비를 해온 덕분에 계란 샌드위치라도 만들 수 있었고, 5모둠은 교과서에서만 배운 헝가리의 굴라시를 직접 도전하고 만들어내는 기염을 토했습니다. 모양도 맛도 오늘의 베스트! 퐁듀는 초콜릿에 우유를 넣는 도전 끝에 우유가 굳어버리며 절반의 성공을 했고, 4모둠 월남쌈은 준비도, 비주얼도 좋은데다 건강식이라 더욱 돋보였습니다. 6모둠은 일본의 라멘에 도전했는데, 면발 준비가 안되어 요리 중간에 태국의 싱거운 수끼 맛이 되었습니다. 1모둠의 크림파스타는 가장 마지막에야 완성되었는데, 많은 아이들이 붐비며 맛있게 나눠 먹었습니다.

교과서에 우리나라의 육개장과 비슷한 맛이라고 소개된 헝가리의 굴라시! 아이들이 직접 레시피만 보며 만들어 먹어보고 "진짜 육개장 맛이에요!"라고 감탄할 때, 뿌듯했습니다. 백종원의 골목식당 방송 중에 '돈 스파이크'가 만들었던 굴라시 영상도 보여주었는데, 정작 저도 그날 처음 먹어볼 수 있었습니다.

(9) 12월 한식의 세계화 요리

사회 4단원 (2)'한식의 세계화' 관련하여 우리나라 음식을 어떻게 발전시켜서 세계 여러 나라에 수출할 수 있을까? 고민을 나누었습니다. '김치 삼겹살', '베이컨 치즈말이', '까르보나라 떡볶이', '닭발 치즈베이컨' 등 창의적인 요리를 직접 고민하고 만들어 먹었습니다.

여유 있게 '묵은지 김치 삼겹살' 요리를 준비해온 2모둠은 자기들 먹고 싶은 마음을 참고, 다른 모둠 아이들도 충분히 먹을 만큼 접시에 담아 교실 뒤에 놓아주어서 얼마나 예뻤는지 모릅니다.

(10) 2월 포트럭 파티

한 해를 마무리하는 2월에는 '포트럭 파티'를 했습니다. 원래 우리 조상들은 서당에서 한 권을 모두 읽거나 배우는 것을 마무리했을 때 이끌어준 스승에게는 감사의 마음을, 동문수학하던 벗들에게는 음식을 차려 대접하는 '책거리'라는 풍습을 가지고 있었습니다. 책거리는 다른 말로 '책씻이', 혹은 '세책례(洗冊禮)'라고 했습니다. 과거에는 우리에게 학교가 아니라 글방이나 서당(書堂)이 교육시설이었습니다. 그 당시에는 책을 한 권 가지고 있는 것도 귀했던 시기여서 책 한 권을 모두 읽고 쓸 수 있게 되었다면, 본인은 물론 부모에게까지 매우 의미 있는 일이 되었습니다. 거기에 과거의 책 읽기는 그 책 속의 내용을 훈장이 직접 물어보고 써보게 해서 개별적인 문답을 통한 시험 아닌 시험을 치러야 했습니다. 그러니 한 권의 책을 공부했다는 것은 그만큼 그것을 자신의 것으로 만들었다는 의미가 되는 것입니다.

이렇게 특정한 책을 읽거나 써서 그 내용을 모두 배웠다고 공인하는 뜻깊고 자랑스러운 순간에 학문을 이끌어준 훈장에게는 감사의 마음을 전하고 동문수학하던 벗들에게도 음식을 대접하면서 기쁨을 나누는 것이 바로 '책거리'입니다. 지금의 학교처럼 다니기만 하면 학년이 올라가고 새로운 교과서를 받는 것이 아니라 한 권의 책을 모두 끝마쳐야 다른 책으로 넘어가는 방식의 교육이 자리했기 때문에 책거리가 더욱 의미가 있었던 것입니다.

책거리하는 날이면 책거리를 하는 학동의 집에서 정성껏 음식을 장만해 가져왔습니다. 진수성찬으로 차린 잔칫상이 아니라 소박하지만 서로 나눠 먹을 수 있는 국수, 경단, 송편 등과 같은 정성이 가득 담긴 음식이었습니다. 그중에서 송편은 빠지지 않고 올라왔습니다. 속을 꽉 채운 송편처럼 이번에 익힌 책을 바탕으로 학문도 그렇게 충실하게 이룩하라는 기원을 담고 있습니다.

한 해를 마치는 요리는 책거리의 풍습을 살려 '포트럭 파티'를 꾸렸습니다. 각자 가져온 음식을 함께 나누며 즐기는 포트럭 파티(Potluck Party), '냄비(Pot) 속에 어떤 음식이 있는지 행운(Luck)에 맡긴다'는 의미에서 붙여진 이름입니다.

 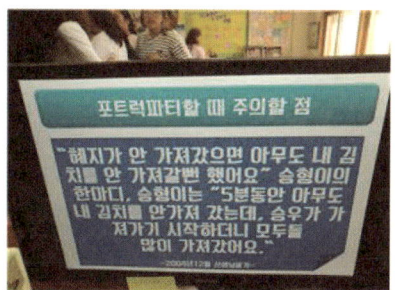

포트럭 파티를 할 때에는 두 가지 조심할 점이 있습니다.

첫째는 3월 학부모 총회 때부터 예고해야 하고, 선생님도 함께 준비하셔야 한다는 점입니다. 가정의 형편상 준비하기 어려울 수도 있으니, 부담이 된다면 간단히 김밥 한 줄을 준비해도 된다고 안내했습니다.

둘째는 맛있는 음식만 먹으려 다투지 않고, 음식을 준비해주신 부모님의 마음을 생각해서 골고루 먹자고 안내해야 합니다.

2004년 12월, "혜지가 안 가져갔으면 아무도 내 김치를 안 가져갈 뻔 했어요." 승형이의 한마디, 승형이는 "5분 동안 아무도 내 김치를 안 가져갔는데, 승우가 가져가기 시작하더니 모두들 많이 가져갔어요."라고 제게 이야기했습니다. 그 순간을 잊지 못해서 아이들에게 발문하곤 합니다. "승형이는 어떤 마음이었을까요?", "부모님이 열심히 준비해주신 음식을 친구들이 별로 먹지 않는다면, 남겨가져온 반찬을 보는 부모님은 어떤 마음이 드실까요?" 이런 지도들이 '성취기준', '[6실02-04] 다양한 식재료의 맛을 비교·분석하여 올바른 식습관 형성에 적용한다.'에도 나오듯 아이들의 올바른 식습관을 형성하는 데 큰 도움이 될 것입니다.

전북 고창의 포도 나무에서 4500송이가 열려 화제가 되었습니다.
일반적인 포도나무보다 100배나 더 많이 달린 이유는
농부의 특이한 농사법에 있었습니다.

"한 1미터 떨어져서 물을 줘요.
또 시들거리면 더 멀리 물을 주고 해서,
이 나무가 가지고 있는 유전적 능력을 키웠습니다.
뿌리가 나와서 너희가 물을 먹어라. 내가 갖다 주진 않겠다."

-희성농장 대표 도덕현씨-

PART 3

참여수업과 삶을 연결하기

43 씽킹맵으로 생각하는 기술 키우기

　수업 중에는 '가르치고 마는 수업'도 있습니다. 아이들은 잘 모르고 있는데 수업 진도만 무턱대고 바쁘게 나가는 경우가 그렇습니다. 이런 것은 엄밀히 말하면, '수업'이라고 부르기 어렵습니다. 아이들에게 공부를 마치며 "다 알겠습니까?"라고 묻고, 아이들이 함께 "예"라고 대답한 것을 진짜로 알고 있는 걸로 믿는 교사도 있습니다.

　그렇지만, "알겠습니까?"라고 물으면, 실제로는 몰랐던 아이들도 엉겁결에 옆 친구들을 따라 "예"라고 대답하게 되어 있습니다.

　학부모 총회 때에 꼭 부모님께 이렇게 말씀을 드립니다. 아이에게 "숙제 다 했니?"라고 물어보지 마시라고……. 이런 질문은 안한 아이도 순간적으로 했다고 거짓말할 수 있도록 유혹받을 수 있습니다. 그보다는 "숙제 가져와 보렴?" 이렇게 챙겨주는 작은 관심이 더 필요합니다. 발문을 고민하고 신경쓰는 교사라면, 수업을 정리하며 "알겠습니까?"라는 말 대신 "모르는 사람 있습니까?"라고 물어야 합니다. 그리고 수업이 끝나기 전이나 끝난 후에는 오늘 무엇을 배웠는지 자기의 말이나 글로 정리하는 시간을 가져야 합니다.

　오늘 공부한 내용을 자기 것으로 정리하는 특별한 방법들에는 어떤 것들이 있을까요? 참여수업을 할 때 잊지 말아야할 지점이 여기에 있습니다. 아이들이 공부한 내용을 8가지 생각정리의 기술을 활용해 정리하도록 하는 특별한 아이디어! 바로 '씽킹맵'입니다.

1. 우뇌와 좌뇌를 함께 활용하는 씽킹맵

씽킹맵(Thinking Maps)은 1960년대에 앨버트 업톤(Albert Upton) 교수님이 학생들의 생각하는 과정에는 규칙이 있음을 발견하고 연구하며 처음 만들어졌습니다. 1988년 미국의 데이비드 하이엘(David Hyerie) 교수님이 업톤 교수님의 아이디어를 수정해 8가지로 발전시켰습니다.

우뇌를 제대로 활용하는 씽킹맵!
아이들에게 '공책 정리를 힘들어 하는 이유'를 물어보면 '정리를 잘하고 싶지만 어떻게 써야 할지 모르겠다'는 대답이 가장 많습니다. 선생님은 반 아이들과 공부한 후에 그것으로 끝마치나요? 아니면 자기 것으로 만들 시간을 따로 주시나요? 개인적으로 최고의 공책 정리 방법은 '마인드맵'이라고 생각하지만, 실제로 초등학교 교실에서 마인드맵을 지도한 결과, 학급에서 ⅓정도의 아이들만 간신히 따라오는 것을 알게 되었습니다.

그래서 마인드맵을 지도하기 전에 '1단계 : 코넬 공책'을 지도해 핵심단어를 찾는 연습을 하고, '2단계 : 씽킹맵' 생각정리의 기술을 지도해 건축물의 뼈대를 세우듯 8가지 형태로 정리하는 방법을 지도합니다. 그런 다음에야 '3단계 : 마인드맵 공책'을 지도했더니 훨씬 공책 정리를 효율적으로 하는 모습을 발견했습니다. 초등학교 수준에서는 마인드맵까지 지도하지 않더라도, 씽킹맵만으로도 스스로 재미를 느끼며 다양한 방법으로 공부한 내용을 정리할 수 있어서 추천드립니다.

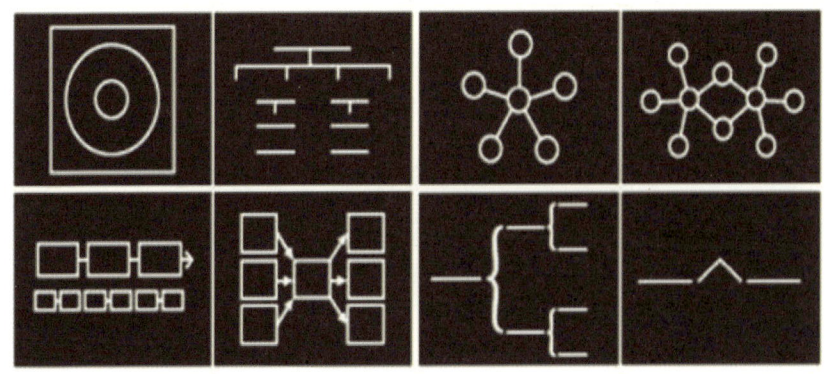

(1) 씽킹맵이 뭐죠?

'씽킹맵'은 여러분의 머릿속에 있는 생각을 쉽게 정리하게 도와주며, 그 과정에서 새로운 생각들을 할 수 있게 해줍니다. '씽킹맵'을 자주 그리다 보면, 머릿속에 생겨난 많은 생각들을 자연스럽게 알맞은 씽킹맵으로 적용하게 되어 합리적이고 논리적인 생각 기술을 가지게 됩니다.

2학년 때는 곱셈구구단 외우는 걸 많이 힘들어했던 아이가 충분히 연습이 되면 이를 활용해 보다 복잡한 문제도 쉽고 빠르게 풀 수 있게 되는 것과 같은 원리입니다.

'씽킹맵'으로 공책을 정리하다 보면, 빠르고 효과적인 방법으로 공부한 내용을 정리해 새로 공부하는 내용에 대한 거부감을 줄여주고, 공부가 재미있어 집니다. 또한 내용을 기억하기 좋게 구조화해 정리하기 때문에 정리한 내용을 쉽게 떠올릴 수 있을 뿐 아니라, 다른 친구들에게 공부한 내용을 더욱 쉽게 소개할 수 있도록 도와줍니다.

(2) 씽킹맵을 하나하나 익혀요.

① 서클맵 : 정의하기

'서클맵(Circle Map)'은 어떤 대상에 대한 정의를 내리기 위한 맵으로, 두 개의 원으로 이루어져 있습니다. 가운데에 있는 작은 원에는 주제에 해당하는 단어를 적습니다. 바깥쪽의 큰 원에는 주제에 대해 자신이 알고 있는 모든 단어들을 적어 넣습니다.

지난 시간에 공부한 것을 복습할 때도 효과적입니다. 사회 시간에 '신석기 시대'에 대해 배웠다면 이렇게 공부한 내용을 '복습공책'에 작성할 수 있습니다.

② 버블맵 : 묘사하기

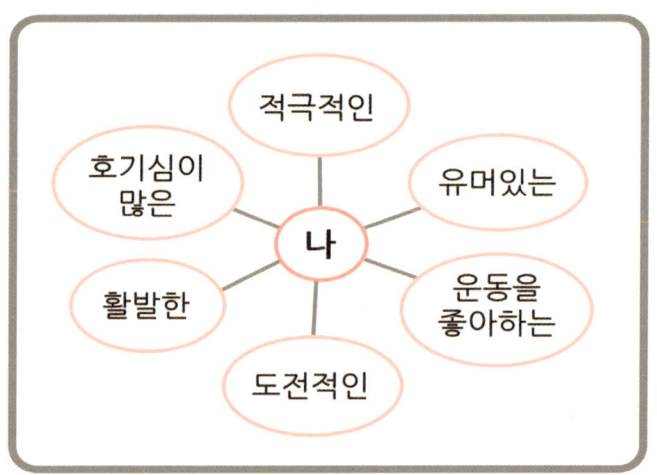

'버블맵(Bubble Map)'은 어떠한 대상을 묘사할 때 사용하는 맵입니다. 묘사할 주제를 가운데 적어 넣고, 주제에 대해 꾸미는 말(~한, ~인 등 형용사로)을 사용하여 바깥쪽 원에 적어 마치 거미줄과 같은 모양으로 맵을 구성합니다.

독후감을 작성할 때, 일기를 쓸 때, 간단한 형태의 마인드맵을 작성할 때도 가능합니다.

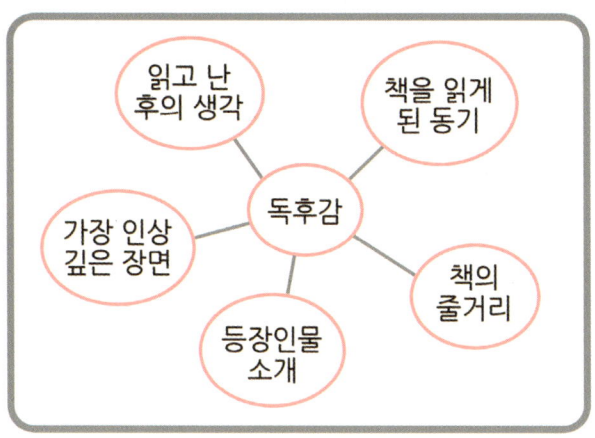

③ 더블 버블맵 : 비교 대조하기

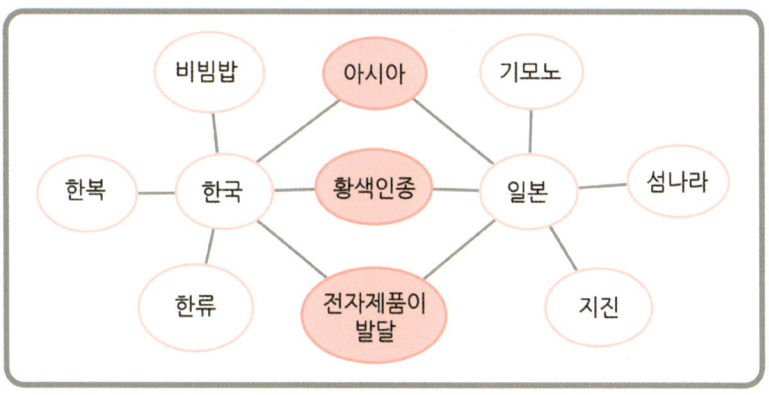

'더블 버블맵(Double Bubble Map)'은 좀 더 발전한 버블맵입니다. 두 가지 사물이나 단어, 주제에 대해 비교, 대조할 때에 큰 도움이 됩니다. 두 가지 사물이나 단어의 사이에 연결된 원에는 공통점을, 바깥쪽에 있는 원에는 차이점을 적습니다.

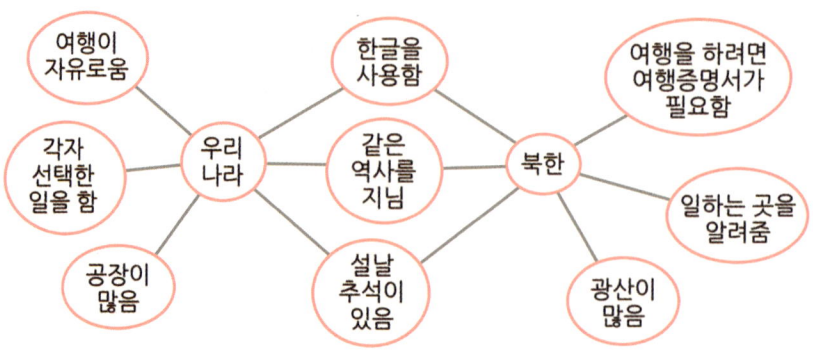

④ 트리맵: 분류하기

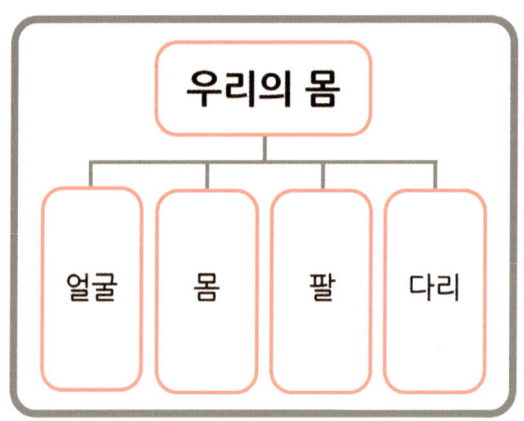

'트리맵(Tree Map)'은 어떠한 대상을 분류하는 데 사용됩니다. 사람을 성별에 따라 나누면 남자와 여자로 나눌 수 있는 것처럼 주제에 대해 일정한 기준에 따라, 나무가 가지를 펼쳐나가는 것과 같은 모양으로 맵을 그립니다.

⑤ 브레이스맵 : 전체와 부분의 관계 짓기

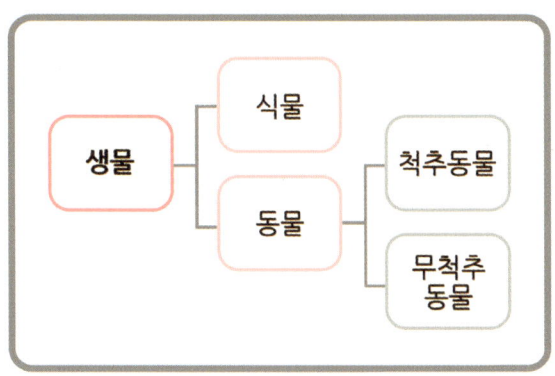

'브레이스맵(Brace Map)'은 전체와 부분의 관계를 이해하는데 도움이 됩니다. 선의 왼쪽에 가장 큰 항목을 쓰고 다음 이어진 선에 그 아래 항목을 씁니다. 다시 중괄호의 선을 그리고 그 아래 항목을 계속 이어서 쓸 수 있습니다.

⑥ 플로우맵 : 순서 짓기

'플로우맵(Flow Map)'은 사건의 과정을 순서대로 정리하는 데 사용됩니다. 직사각형 안에 사건을 쓰는데, 왼쪽에서 시작하여 오른쪽으로 정리하는데 마치 기차와 같은 모양이 됩니다.

⑦ 멀티 플로우맵 : 원인과 결과로 분석하기

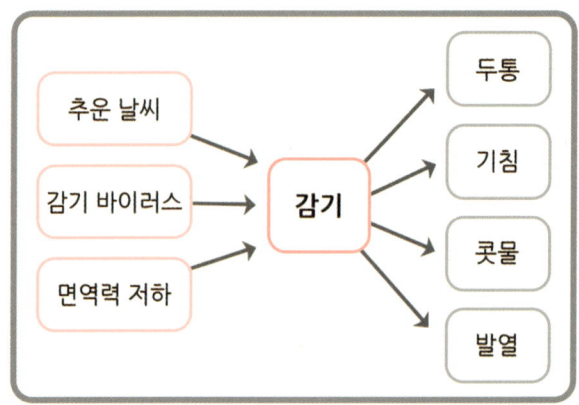

'멀티 플로우맵(Multi-Flow map)'은 어떤 사건의 원인과 결과를 정리하기 위한 맵입니다. 중앙에 위치한 직사각형에는 사건을 써 넣고, 왼쪽 직사각형에는 원인을, 오른쪽 직사각형에는 결과를 적습니다.

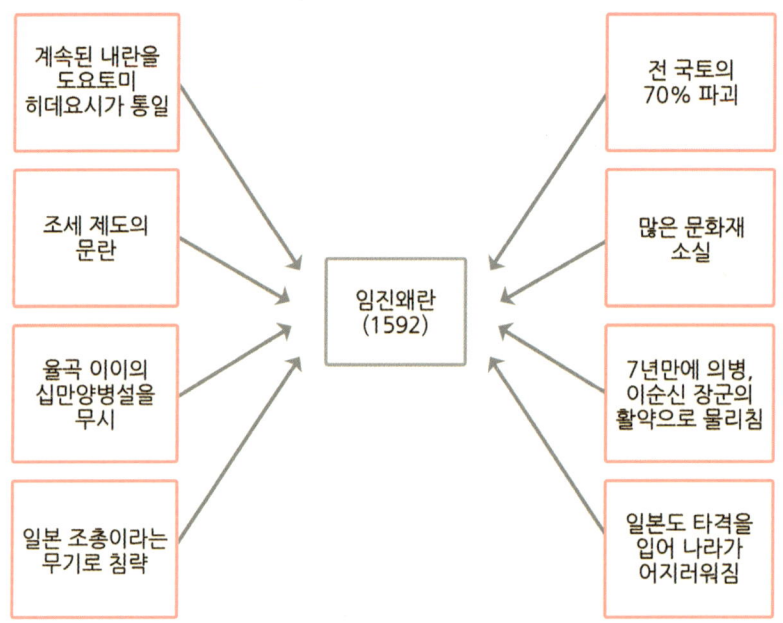

⑧ 브릿지맵 : 유추하기

```
<연결 요소>   대통령    교장    사장    국회의장    병원장
  기관장  ⎯⎯⎯⎯⎯⎯⎯⎯⎯⎯⎯⎯⎯⎯⎯⎯⎯⎯⎯⎯⎯⎯⎯⎯⎯⎯⎯
            국가     학교    회사     국회       병원
```

브릿지맵(Bridge Map)은 다리 윗 층과 아래층에 한쪽에만 제시된 단어에서 떠올린 단어들을 적는 맵입니다. 이렇게 깊이 생각해 떠올리는 과정에서 가장 왼쪽에는 연관된 요소를 적습니다. 그리고 다리의 위쪽과 아래쪽에 연관된 요인에 알맞은 한 쌍의 단어들을 계속 적어 나갑니다. 예를 들어 '우리 가족'을 글감으로 시를 쓴다면, 이렇게 비유하여 글을 쓸 수 있겠지요?

```
              아빠    엄마    나    동생
시 비유하기  ⎯⎯⎯⎯⎯⎯⎯⎯⎯⎯⎯⎯⎯⎯⎯⎯⎯⎯
              하늘    땅     나무   꽃
```

2. 씽킹맵 쉽게 활용하기

아이들에게 씽킹맵을 지도해도 바로 활용하기는 쉽지 않습니다. 언제든 내 생각 정리의 기술로 활용될 수 있도록 돕기 위해서 몇 가지 아이디어를 권합니다.

(1) 책갈피로 만들어 활용하기

8가지 씽킹맵을 평소에도 자주 보며 익숙해지기 위해서 가장 권하고 싶은 방법으로 책갈피를 만들면 좋습니다. 복습공책을 써야 할 부분에 끼워두어 작성할 때마다 참고해도 좋고, 책상 위에 붙여두고 활용하거나 필통 속에 넣어두고 언제든 활용할 수도 있습니다.

(2) 일기나 독후감 쓰기 등 생활 속에서 활용하기

'씽킹맵'은 생각을 꺼내 효과적으로 정리하는 멋진 도구입니다. 일기를 곧바로 쓰려면 일기쓸 것도 없는 것 같고 쓰다보면 글쓰기도 체계없이 마무리되기 쉽습니다. 이럴 때는 미리 써클맵이나 버블맵으로 간단한 생각의 짜임을 그려보고 일기를 쓰도록 지도해 보세요. 독후감 쓸 때도 무작정 쓰지 말고, 미리 씽킹맵으로 구상을 해 보면 글을 읽는 사람도 감탄할 만큼 좋은 글이 나오게 됩니다.

3. 씽킹맵을 활용한 공책 정리 지도시 유의할 점

(1) 판서를 통해 자주 씽킹맵을 아이들에게 노출해 주세요!

아이들은 선생님의 말이 아니라 선생님의 행동을 지켜보며 배우게 됩니다. 평소 자연스럽게 자주 공부한 내용을 씽킹맵으로 칠판에 판서하는 모습을 보게 되면, 아이들도 자연스럽게 공부한 내용을 씽킹맵으로 정리하게 됩니다. 그러려면, 평소 수업을 준비하는 과정에서부터 교과서 내용을 읽어보고 핵심 내용을 어떤 씽킹맵으로 표현하면 좋을지 연구하는 자세가 필요합니다. 예를 들어 6학년 2학기 사회 시간, '우리나라와 이웃 나라의 문화를 비교하여 보기'라는 주제로 공부를 하게 되었다면, 어떤 씽킹맵을 이용해 칠판에 판서를 해야 할까요? 맞습니다. '더블 버블맵(Double Bubble Map)'을 활용해 우리나라와 이웃 나라, 즉 중국, 일본, 러시아와의 공통점을 씽킹맵으로 표현하면 됩니다. 좀 더 나아가 차이점까지도 표현할 수 있습니다.

(2) 스스로 자신만의 씽킹맵을 만들어보세요!

유명한 외국의 학자가 만들었다고 무조건 따르기보다 아이들이 스스로 8가지 맵을 넘어서서 서로 결합해 새로운 씽킹맵을 만들어보게 해 보세요. 우리 뇌에는 1000억개의 뉴런들이 각각 끊임없이 변화하는 수천 개의 시냅스를 가지고 있다고 합니다. 우리 뇌의 무한한 상상력을 꼭 8가지 씽킹맵으로 제한하는 것보다, 나만의 씽킹맵을 만들어보는 활동도 재미있습니다. 다음 쪽에 있는 그림처럼 스스로 다양한 씽킹맵을 만들어 봅시다. 만들수록 더 다양하게 활용할 수 있는 아이디어를 얻게되고, 무엇보다 자신이 만든 씽킹맵이 친구들에게 소개되고, 함께 정리할 때 활용된다면 아이들은 더욱 공부한 내용을 제대로 자기 것으로 만들 것입니다.

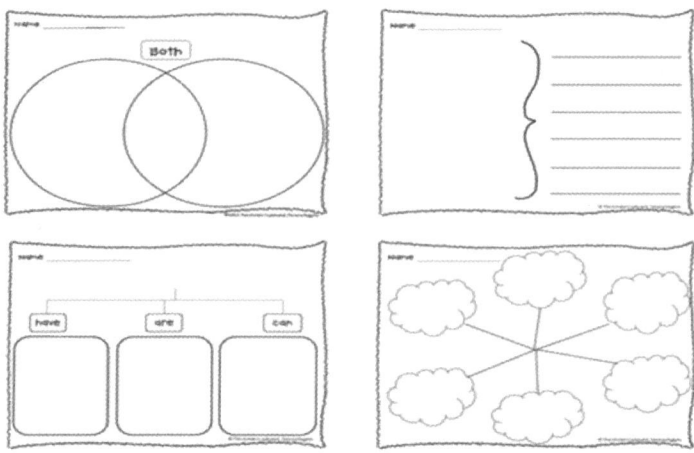

(3) 씽킹맵을 활용할 때 늘 잊지 말아야할 것은 '공책 정리'를 통해 공부가 좋아질 수 있도록 도우려는 생각입니다.

공부한 내용을 정리하는 공책이 아이들을 괴롭히는 또 하나의 숙제가 되지 않도록 조심해야 합니다. 그렇지 않아도 아이와의 관계가 좋지 않은데 씽킹맵 공책 정리를 숙제로 내고, 하지 않은 아이들을 혼내게 되면 그건 정말 최악입니다. 차라리 지도하지 않느니만 못합니다. 지속해서 '습관'이 될 수 있도록 애정을 가지고 도와주어야 하겠습니다. 되도록 숙제로 내기보다 수업 장면에서 어떻게 정리하면 좋을지 묻고 답하는 과정을 통해 아이들이 직접 활용할 수 있도록 도우려는 자세가 더욱 중요합니다.

44 모두의 생각을 담는 파상형 칠판 발표하기

'반 아이들의 발표 수준을 한 단계 올리고 싶다.'는 고민 , '모든 아이들이 발표에 참여하게 하도록 돕고 싶다.'는 고민을 하는 교사라면, 한형식 송광 수업기술연구소 소장님의 '수업기술의 법칙'을 읽어보셨을 것입니다. 그 책을 통해, 중요한 질문은 먼저 생각수첩에 적어보고 발표하도록 하는 중요한 습관을 지도하게 되었습니다. 먼저 손을 든 아이들만 발표시키면 많은 아이들이 숨어버릴 수 있다는 사실을 알아채게 된 것입니다. 아울러 생각수첩에 적은 아이들이 먼저 앞으로 나와 칠판에 적는 '칠판 나누기' 활동을 많이 활용하게 되었습니다. 덕분에 아이들은 서로의 생각을 비교하며 더 깊게 생각할 수 있게 되었고, 미처 생각을 못하던 아이들도 칠판에 적힌 친구들의 생각을 비교하며 자신의 생각을 만들어 갈 수 있었습니다.

그러다 ① 자기 생각을 생각수첩에 적기 ② 생각수첩에 적은 내용을 칠판에 적어 '칠판 나누기'에서 한 단계 발전된 한형식 소장님의 '파상형 발표'를 알게 되었습니다. 덕분에 우리 반 아이들의 칠판 나누기 수업은 한 단계 더욱 업그레이드되었습니다.

'파상형 발표'는 모두가 자기 나름의 생각을 생각공책에 적고, 그 내용을 칠판에 옮겨 적는 과정을 통해 아이들의 생각을 더욱 깊고 넓게 확장시켜 줄 것입니다.

1. 파상형 발표 방법

원래 '파상'(波狀)이란 단어를 국어 사전에서 찾으면, 1.물결의 모양, 2. 어떤 일이 일정한 간격을 두고 차례로 되풀이되는 모양 이라고 나와 있습니다. 사실

'파상형 발표'는 한형식 소장님께서 모든 아이들이 사고하는 학습을 고민하던 중에 우연히 바닷가에서 파도가 몰려오는 모습을 보고, 발표도 이렇게 하면 어떨까 생각해 만드셨다고 합니다.

(1) 먼저 교실의 아이들을 4명씩 한 모둠으로 꾸리고, 모둠 아이들의 번호를 1,2,3,4번으로 지정한다.

(2) 수업 내용과 관련하여 가장 중요한 발문 하나를 미리 준비하여 아이들에게 제시한다. 이때 주제에 대해 다양한 생각이 나올 수 있도록 고민해야 한다.

(3) 아이들이 '생각 수첩'에 자기 나름의 생각을 쓸 수 있도록 안내한다.
"지금부터 2분간 생각하고, 자기의 생각을 20자 이내로 쓰세요."
아이들이 생각을 정리하는 동안, 선생님은 칠판에 모둠과 모둠번호가 나타날 수 있도록 표를 그립니다.

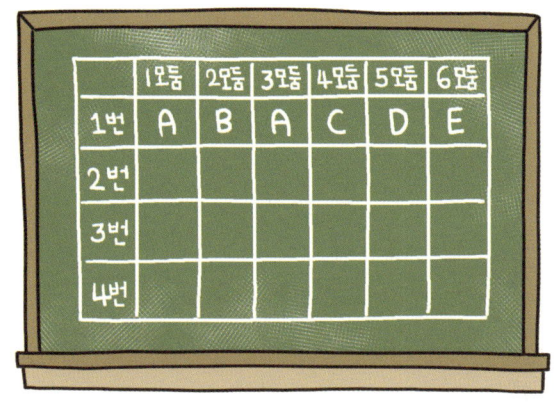

(4) 생각 수첩에 정리를 한 후에, 먼저 각 모둠의 1번이 칠판에 자기 생각을 정리한다.

"각 모둠의 1번은 생각 수첩에 정리한 내용을 칠판에 그려놓은 1번 칸에 옮겨 적어 주세요." 칠판에 자기 생각을 옮겨 적은 후에는 각자 알아서 제자리로 돌아가도록 합니다.

이때 판서 내용에 대한 설명이 필요하다고 생각되면, 해당하는 아이에게 어떤 생각인지 좀 더 자세하게 이야기해 달라고 질문합니다. 예를 들어 각 모둠의 1번 아이들이 판서를 마치면 모둠 번호 1번 아이를 포함한 모든 아이들에게 다음과 같이 이야기합니다.

"1번 아이들이 칠판에 적은 6가지 생각을 하나하나 잘 읽어보고, "야! 저렇게 생각할 수 있겠구나! 정말 좋은데!" 이런 생각이 든다면, 생각공책에 적었던 글을 고쳐 써 봅시다."

이게 파상형 발표의 핵심입니다. 여기에서 아이들은 친구들의 생각과 비교하며 생각의 변화가 시작되고, 이것이 바로 '배움'의 시작입니다.

(5) 모두 수정한 후에는 각 모둠, 즉 여섯 모둠일 경우 모둠 번호 2번 6명이 칠판에 자기 생각을 쓴다. 다음에는 같은 요령으로 3번, 4번도 차례대로 나와 칠판에 자기 생각을 정리한다.

2. 친구 판서보고 내 생각 고치기

선생님이 그린 칠판의 표에 6명의 생각이 차례대로 기록될 때마다 모든 학생들은 칠판에 적힌 6가지 생각을 검토합니다. 그리고 "오, 저 생각 괜찮은데!"라는 생각을 발견하면 자기 생각을 좀 더 타당한 생각으로 고쳐 나가며 발전시킵니다.

아이들은 모두 6모둠, 서로 다른 생각을 가진 친구들의 칠판 발표를 통해 배워 나가며, 자신의 생각을 좀 더 갈고 다듬게 됩니다. 이렇게 아이들 모두 최선을 다하며 생각을 발전시켜 나가는 과정을 통해 칠판의 표가 완성됩니다.

모둠 번호 1번 아이들 중에는 말도 안 되는 생각이나 오개념을 가진 아이가 있을 수 있지만, 모둠 번호 2번 아이들 생각에는 그런 오개념은 사라지게 됩니다.

모둠 번호 1번 아이들의 생각과 비교해 보며 자신의 생각을 스스로 고쳐나갈 수 있었기 때문입니다. 3번 아이들에게는 C라는 생각이 사라지고, 4번 아이들에게서는 아이들의 생각이 A, B로 모여지는 것을 볼 수 있습니다. 1,2,3번 아이들이 칠판에 쓴 내용을 보며 생각이 점점 바뀌게 된 것입니다.

3. 비슷한 생각을 선으로 모으기

이제 발표한 아이들의 생각중 비슷한 생각을 선으로 이어 모읍니다. 6모둠 24명의 생각이 A, B, C, D, E, F 6가지로 정리되고, 학급 모든 아이들의 생각과 그 수까지 파악할 수 있게 됩니다.

4. 2가지 생각만 남기기

"A, B, C, D, E, F 6가지 생각 중에서 아무리 생각해도 납득이 가지 않는 생각하나를 찾아보세요."라고 발문하여 가장 많은 아이들이 선택한 생각을 지웁니다. 이렇게 계속 진행하여 마지막 2가지 생각만 남을 때까지 같은 방법으로 줄여 나갑니다.

5. 양 팀으로 나누어 토론하기

남은 2가지 생각 중 하나를 선택하게 한 후 두 팀으로 나누어 토론합니다. 만약 모든 아이의 생각이 하나로 일치할 경우에는 어떻게 할까요?

저는 제가 반대 팀이 되어 선생님 대 아이들 전체 팀으로 미니 토론을 펼치곤 했습니다. 한형식 소장님은 '순이'라는 가상의 친구를 등장시켜 반대 의견을 제시하고, 반 전체 아이들 대 순이로 토론하는 방법을 권하셨습니다. 물론 순이 역할은 선생님이 하셨는데, 좀 더 세련된 방법이라는 생각이 들어 우리 반 마스코트 인형을 순이 대신 활용하고 있습니다.

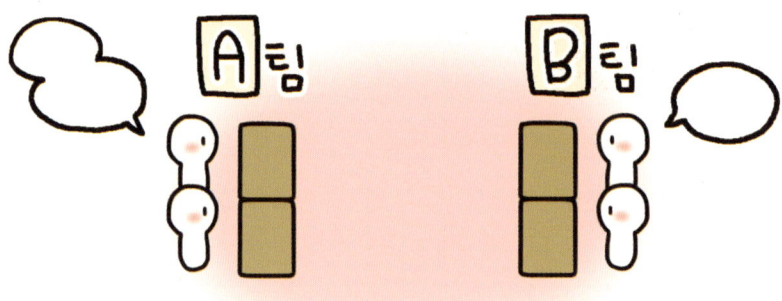

45. 교사가 교사에게 제안하는 두 가지 성장의 길

강의를 가서 저를 소개하는 장면이 너무 멋쩍고 민망해 매번 "제가 하겠습니다."라고 말하고 소개를 예은이네 소개로 대충하곤 합니다. EBS 최고의 교사에 출연...이라는 소개를 들을 때면, 과연 현장에 어디 '최고의 교사'가 따로 있을까? 용어가 가슴에 답답하게 다가옵니다. 저부터 그리 생각하기 때문입니다. 아이들을 위해 이름 없이 빛도 없이 노력하는 수많은 선생님들이 모두 '최고의 교사'라고 생각합니다.

다만, '최고의 교사'보다 현장에서 '좋은 교사'가 되기 위해서는 두 가지 공통의 덕목이 필요합니다 첫 번째 키워드는 단연코 '관계'입니다.

'최고의 교사'가 아니라 '아이들을 잘 가르치는 좋은 교사'가 되고 싶다면, 미국의 왕, 해르텔, 그리고 월버그(Wang/Haertel/Walberg, 1993)의 공동논문에서 '학습 성취에 대한 영향력의 순서'라는 요인들의 목록표에 주목할 필요가 있습니다.

1. 학생의 인지적인 능력
2. ?
3. 학생의 가정환경과 부모의 후원
4. 학생의 메타 인지적인 능력
5. 학습과 관련된 교사-학생의 상호작용
6. 주 정부와 구청의 정책
7. 수업의 양
8. 학교 문화
9. 학교 문제에 대한 학부모의 관여
10. 교과 과정의 조직
11. 학생의 출신 배경
12. 또래 집단에서 학생의 위치
13. 수업의 질

성적에 가장 영향을 주는 1위는 예상한대로 '학생의 인지적인 능력', 즉 타고난 머리입니다. 3위는 학생의 가정환경과 부모의 지원, 4위는 학생의 메타인지적인 능력이다. 그렇다면 2위는 무엇일까요? 1위는 학생에게 달려 있고, 3위는 부모에게, 4위는 학생에게 달렸습니다. 2위, 힌트는 바로 교사에게 달려 있습니다.

정답은 바로 '교사의 학급경영'입니다. 잘 가르치기 위해서는 먼저 학생들과 좋은 관계를 맺어야 합니다. 관계가 튼실하지 않은 교사가 아이들을 잘 가르칠 리 만무했고, 아이들이 그 가르침을 따를 리 없습니다. 아이들은 말이 아니라 몸으로 배우기 때문입니다.

최고의 교사들은 학생들을 단순히 가르치는 대상이 아닌 인격체로서 대합니다. 훌륭한 교사는 무엇이 다른가? 책에서도 평범한 교사는 문제의 해법을 프로그램에서 찾지만 훌륭한 교사는 문제의 해법을 사람에게서 찾는다고 했습니다. 훌륭한 교사는 학급경영을 접근할 때 '희망'에 초점을 맞춥니다. 반면 보통의 교사들은 규칙에 초점을 맞추고, 가장 무능한 교사들은 규칙을 어긴 결과, 즉 벌칙에 집착합니다.

평범한 교사	훌륭한 교사
문제의 해법을 프로그램에서 찾는다.	문제의 해법을 사람에게서 찾는다.
규칙에 초점을 맞춘다.	희망에 초점을 맞춘다.
문제 발생 시 처벌에 집중한다.	문제 발생 시 처벌에 집중한다.
학생에겐 높은 기대치를 갖지만 스스로에겐 별반 기대를 갖지 않는다.	학생에게 높은 기대치를 자신에겐 더 높은 기대치를 갖는다.
학생, 학부모, 사회 환경을 변수라 생각한다.	교실 안의 최대 변수는 교사임을 알고 있다.

특정 대상만을 존경으로 대한다.	모두를 존경으로 대한다.
불평과 불만을 생각 없이 퍼뜨린다.	긍정적인 태도를 공유하려 애쓴다.
날카로운 지적, 꼼짝 못할 반박을 일삼는다.	관계 개선에 힘쓰며 먼저 사과할 줄 안다.
사소한 소란에 말려 전쟁을 선포한다.	사소한 소란은 무시할 줄 안다.

최근 일본에 이어 한국에서도 『미움 받을 용기』 책이 베스트셀러가 되며 아들러에 대한 관심이 높아지고 있습니다. 저자 기시미 이치로는 30대 때, 한 7년 정도 아들과 딸을 직접 어린이집에 데려다 주고 데려 오며 아이들이라고 해도 독립적인 인격체이기 때문에 어른들이 바라는 대로 행동하지 않는다는 것을 깊이 깨닫게 되었다고 고백했습니다.

어린이 인권을 위해 한 평생을 바치고 아이들 200명과 함께 죽음을 선택한 야누스 코르착은 "아이가 어른과 다른 점은 단 하나, 돈을 벌지 못한다는 것뿐입니다. 생계를 어른에게 의존해야 하기 때문에 어른의 말을 들어야 한다고 강요받고 있는 것입니다."라고 했습니다. '아들러 심리학'을 기반으로 좋은 관계를 맺도록 돕는 책들을 꼭 만나시길 먼저 권합니다. 『긍정의 훈육』, 『학급긍정훈육법』, 『아들러와 함께하는 행복한 교실 만들기』, 『회복적 생활교육을 만나다』 등 도서관에서 빌려 읽지 마시고, 꼭 사서 읽길 권합니다. 도서관에서 빌린 책의 지식흡수율은 10% 밖에 되지 않는다는 유키오의 말을 마음에 담으시길.

두 번째 키워드는 '참여'입니다. 좋은 교사들은 교사와 학생이 함께 참여하여 수업을 만들어 갑니다. 일방적으로 준비한 내용을 가르치는 교사는 없습니다. 미국에서 유학하는 학생에게 "미국 교육과 대한민국 교육의 차이점이 뭐냐?"고 물었더니, "우리는 한 사람만 떠들어요."라고 대답했다는 기사를 보았습니다. 교사로서 함께 얼굴이 빨개지는 기사였습니다. 한 사람만 떠드는 교실에서 아이들이 무엇을 배울 수 있을까요?

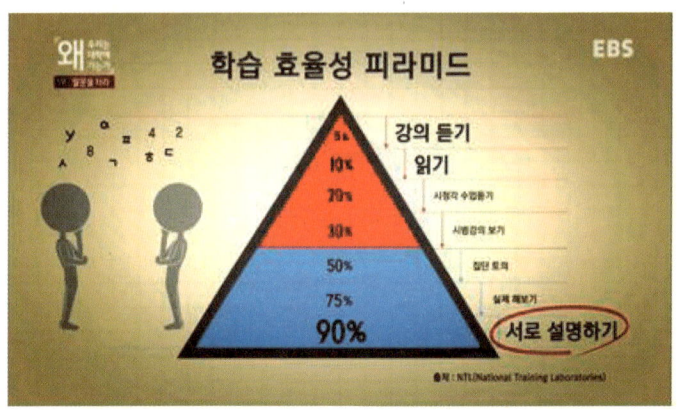

미국 버지니아 주의 행동과학 연구기관 NTL의 '학습 효율성 피라미드'에서 학생들이 24시간 이후 가장 많이 기억하게 하는 방법은 무엇일까요?

바로 '서로 설명하기'입니다. 일반적인 강의보다 무려 18배의 효과, 하루가 지나도 90% 가까이 기억하게 하는 비법이 바로 '서로 설명하기'입니다. '서로 설명'하다 보면 내가 무엇을 알고 있고 무엇을 모르고 있는지 알게 되기 때문입니다. 그것이 바로 '메타인지'입니다. 수업 시간에 학생들이 서로를 가르칠 수 있도록 하려면 어떻게 디자인하고 설계할까? 고민하는 시간이 길어져야 합니다. 그리고 동학년 선생님과 그런 고민이 피드백되는 시간이 많아져야 합니다.

　교육과정 재구성, 프로젝트 학습, 하브루타, 거꾸로 교실, 협동학습, 배움의 공동체 연수 등 원격연수보다 오프라인 연수를 통해 선생님부터 먼저 '참여'를 경험하며 보내는 시간이길 응원합니다. 그리고 늘 가르치는 마음의 밑바탕에는 『훌륭한 교사는 무엇이 다른가?』의 저자 토드 휘태커의 결론을 항상 새기며 보냈으면 좋겠습니다.

　　　　　　'먼저 마음을 얻어라, 그 다음에 가르쳐라.'

46
6X6 포스트잇 주사위 게임으로 이야기 나누기

'6X6 포스트잇 주사위 게임'은 가로 세로 6가지의 질문이나 미션을 적은 포스트잇을 놓고 2개의 주사위를 던져서 나오는 질문에 답하면서 서로를 알아가는 참여수업 프로그램입니다.

보통 자기 소개를 하거나 모둠 활동을 할 때 돌아가면서 앉은 순서대로 이야기하는 방식을 많이 이용합니다. 하지만 이때 학생들은 상대의 이야기에 집중하지 않고 내 순서가 돌아오면 어떤 이야기를 할까 미리 생각하는 경우가 많습니다. 주사위를 활용하면 자신에게 어떤 질문이 제시될지 모르기 때문에 상대방의 이야기에 집중하게 되고, 다양한 질문이 있어서 짧은 시간에 즐겁게 서로를 알아갈 수 있습니다.

6X6 포스트잇 주사위 게임은 선생님이 일방적으로 질문을 만들어 제시하는 방식을 뛰어 넘어 학생들이 직접 친구들에게 묻고 싶은 질문을 포스트잇에 적게 하여 더욱 적극적으로 수업에 참여하도록 개발된 놀이입니다.

1. 6X6 포스트잇 주사위 게임 진행방법

(1) 크기가 서로 다른, 혹은 색깔이 다른 2개의 주사위를 준비한다. 주사위가 준비되지 않았다면 스마트폰의 주사위 앱을 내려받아서 사용해도 된다.

(2) 6명 한 모둠으로 구성한다고 할 때, 개인별로 노란 포스트잇 5장과 빨간 포스트잇 한 장을 나누어 주어 총 36장의 포스트잇을 준비한다.

(3) 파란 포스트잇에는 오늘 교과 내용과 관련하여 친구들에게 묻고 싶은 질문을 적고, 빨간 포스트잇에는 모둠에서 수행해야 하는 미션을 적도록 한다. 예를 들어 주사위 한번 더 던지기, 한번 쉬기, 모둠 친구들 칭찬 하나씩 하기 등의 미션을 적는다.

(4) 모둠 번호 순으로 돌아가면서 주사위를 두 번 던진다.

(5) 나오는 칸에 있는 질문에 답하거나 미션을 수행해나간다. 첫 번째 던진 주사위는 가로, 두 번째 던진 주사위는 세로 줄에 해당한다. 예를 들어 처음 나온 주사위의 눈이 3, 두 번째 던진 주사위의 눈이 2라면 가로로 3번째, 세로로 2번째 칸에 있는 포스트잇에 적힌 질문에 대답해야 한다.

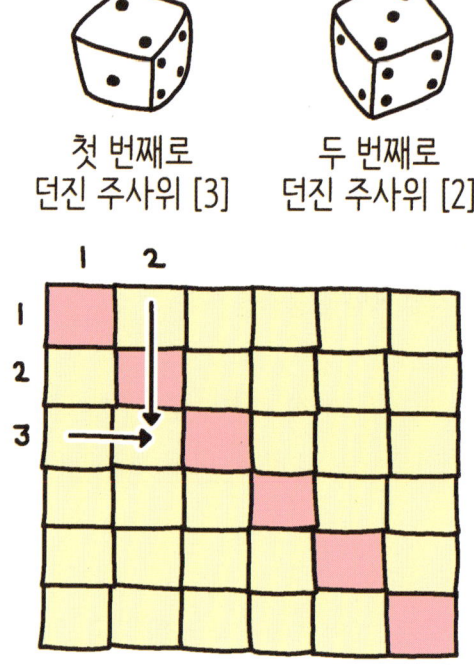

(6) 친구가 이야기할 때에는 적극적으로 리액션을 하며 경청하도록 약속하고 진행한다.

(7) 친구가 이야기를 한 내용이 충분하다면, 엄지를 위로 올려 격려하고, 부족하다고 생각하면 엄지를 밑으로 내려 좀 더 이야기해달라고 표현하도록 한다.

2. 6X6 포스트잇 주사위 게임 진행시 유의할 점

(1) 처음 시작할 때에는 동그랗게 모여 타이머를 활용해 이야기 나누는 게임으로 시작합니다. 쿠킹 타이머를 준비하는데 소리가 큰 아날로그 타이머를 활용하면 더욱 좋습니다. 처음 시작하는 사람이 타이머를 임의대로 돌려 설정하고, 첫 질문을 던집니다. 이때 타이머를 시계 방향으로 건네며 "가장 놀러 가고 싶은 나라는?" 교과 내용과 관련한 질문을 던집니다. "저는 미국을 가고 싶습니다. 헐리우드에 가고 싶어요." 이렇게 한명 한명 타이머를 넘기다 큰 소리로 자명종 소리가 나면, 술래가 되어 새로운 질문을 만들어야 합니다. 어떻게 질문을 만들면 좋을지 공부도 되는 유쾌한 발문 게임입니다.

(2) 포스트잇에 적는 질문의 내용은 교과 교육과정에 맞물려 어울리는 질문을 적도록 합니다. 이때 미리 몇 개의 질문 예시를 칠판에 적어주어 질문 만들기를 어려워하는 아이들은 그 질문이라도 적도록 합니다.

(3) 수업의 정리 단계에서 활용할 수도 있습니다. 이때는 오늘 공부한 내용 중에서 문제를 만들고 포스트잇에 적도록 해도 좋습니다. 이렇게 문제를 만들어서 진행할 때에는 문제를 맞힐 경우, 맞힌 문제가 적힌 포스트잇을 떼어 가져갈 수 있도록 합니다. 모아놓은 포스트잇의 개수만 확인해도 몇 문제를 맞추었는지 알 수 있습니다.

(4) 6X6 주사위 땅따먹기 게임으로 응용해도 재미있습니다.

36개의 칸에 문제를 제시하고, 둘씩 한 팀이 됩니다. 처음 시작할 때에는 가위바위보를 해서 이긴 팀이 주사위를 두 번 던집니다. 해당 칸의 문제를 개별 학습지에 풀고 맞았을 경우 땅따먹기의 해당 칸에 색칠합니다. 이렇게 번갈아 가며 10문제 푼 후 색칠이 더 많은 팀이 이기게 됩니다.

47 포켓몬볼 가치수직선 활동으로 돌아보기

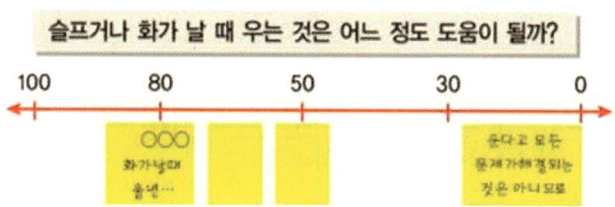

꼭 손을 들어 발표하지 않아도 학생들은 자신의 생각을 드러낼 수 있습니다. 예를 들어 '손바닥 스펙트럼' 활동처럼 손바닥과 손바닥 사이의 거리를 넓히거나 좁히는 과정으로 자신의 생각을 표현하도록 하거나 교실 모서리를 이동하여 자신의 생각과 비슷한 친구들과 모여 생각을 정리하게 할 수도 있을 것입니다.

아직 생각이 정리되지 않았더래도, 꼭 의견이 구체적이지 않아도, 수업 시간에 자신의 생각을 표현할 수 있도록 도우려면 어떻게 하면 될까요? 온도를 표시하듯 자신이 생각하는 정도를 표현하는 참여수업에는 어떤 방법이 있을까요?

1. 가치수직선 활동으로 참여수업하기

원래 '가치수직선' 활동은 협동학습에서 '의사소통 구조'로 처음 소개된 활동입니다. '가치수직선' 활동은 수직선 위의 한 지점에 자신이 서 있는 위치를 표면적으로 나타내기 때문에 자신의 정확한 가치를 드러낼 수 있게 해 줍니다. '가치수직선' 활동을 통해서 학생들은 가치를 판단하고 실천하는 연습을 하면서 자존감을 높일 수 있습니다. 또한 서로 존중하며 수용하는 학습 태도를 익힐 수 있게 됩니다.

특히 자신이 스스로 한 판단의 정도로 한 줄로 길게 서게 한 후에 가운데 부분을 접어 서로 반대되는 의견을 가진 학생들끼리 마주 보며 대화하게 하면, 올바른 가치관을 새롭게 형성하는 소중한 경험을 가지게 됩니다.

(1) 먼저 교사는 교과 내용과 관련하여 찬성과 반대로 나뉠 수 있는 주제(예: 수학 공부를 좋아하는가? 초등학생에게 휴대전화가 필요한가? 등)를 칠판에 제시한다.

(2) 칠판에 가치수직선을 그리는데, 왼쪽 1부터 오른쪽 10까지(또는 가운데를 0으로 기준점을 정하고 왼쪽은 -5까지, 오른쪽은 +5까지) 표시한다.

(3) 자신의 생각을 포스트잇에 적은 후에 칠판의 가치수직선 눈금의 위치에 맞게 붙인다. 이때 교사도 자신의 위치를 찾아 학생들과 함께 활동하면 좋다. 예를 들어 '흥선대원군의 쇄국정책은 옳은가? 즉 조선을 지켜야 하는가?, 문호를 개방하여 근대화해야 하는가?'라는 주제로 공부하는 사회 시간이라면, 찬성/반대의 의견과 함께 그를 뒷받침하는 근거를 생각하여 정리한 후 자신의 입장은 가치수직선의 어느 지점에 있는지 생각해 봅니다. 그런 후에

포스트잇에 찬성 쪽이라면 +1 ~ +5까지 적어 찬성의 정도를 표시하고 그 이유를 적고, 반대한다면 -1 ~ -5사이에 그 정도를 적고 그 근거를 간단히 적습니다.

(4) 자신의 입장을 가치수직선 위에 표시한 후에는 그 순서에 따라 한 줄로 서 보도록 한다. 모두 한 줄로 늘어서되 의견을 정하지 못한 사람은 가운데에 선다.

찬성 입장이 가장 확고한 아이가 맨 왼쪽, 반대 입장이 가장 강한 학생이 맨 오른쪽에 서게 됩니다. 다음에는 옆 사람과 서로 자신의 주장을 말하며 의견을 확고하게 합니다.

(5) '가치수직선 접기'로 반을 접어 대형을 맞춘다. 반으로 접은 상태에서 네 명씩 모둠을 만든 뒤 찬반 토론을 하며 상대방을 설득한다.

이때 자연스럽게 찬성 입장이 가장 강한 학생과 반대 입장이 가장 뚜렷한 학생이 의견을 정하지 못한 친구들과 대화하게 됩니다.

(6) 찬반 토론 후 자신의 의견을 바꿀 기회를 주고 다시 가치수직선 위에 서게 한다. 이때 찬반 토론 과정에서 의견을 바꾼 아이에게는 그 이유를 발표하게 합니다. 생각의 변화야말로 이 토론이 진짜 깊은 설득과 배움의 시간이었음을 증명하게 됩니다.

2. 포켓몬볼 가치수직선 활동하기

'포켓몬볼 가치수직선 활동'은 6학년 선생님 밴드(band.us/@grade6)에서 좋은 자료를 올려주시는 서울 신성초등학교 윤재열 선생님의 멋진 아이디어입니다. 선생님께 배워 잘 활용하고 있습니다. 기존의 가치수직선 활동에 비해 스스로 자신의 과거와 미래를 연결지어 현재의 상태를 돌아볼 수 있다는 장점이 있습니다.

(1) 칠판에는 수직선을 그려놓고, 개인별로 포스트잇을 한 장씩 나누어준다.

(2) 포스트잇에 포켓몬 볼처럼 동그라미와 선을 그린다.

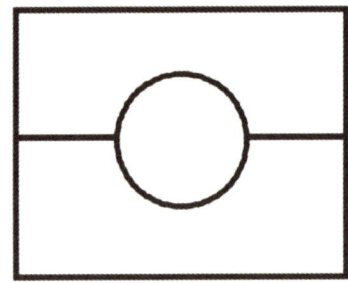

(3) 가운데 원에는 스스로 생각하는 자신의 점수를 1점~10점 사이에서 평가하고 적는다.

(4) 윗 칸에는 가운데 원에 쓴 점수보다 한 단계 위의 점수를 쓰고, '~한다면 몇 점이 될 수 있을 것 같다.'라고 노력할 점을 쓴다. 예를 들어 '쉬는 시간에 조금만 더 조용히 한다면 9점이 될 수 있을 것 같다.'라고 쓰면 됩니다.

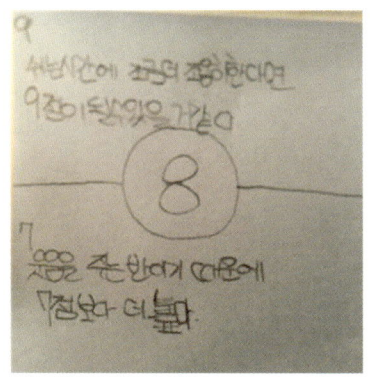

(5) 아래 칸에는 동그라미 점수보다 한 단계 아래의 점수를 쓰고, '~했기 때문에 몇 점이 아니다.' 또는 '~해서 ~점이다.'라고 쓴다. 이때 가능하다면 부정보다는 긍정의 문장으로 자신이 노력한 점을 쓰도록 안내한다.
예를 들어 '수업 종이 울리면 교과서를 펴고 자리에 앉았으므로 7점은 아니다.'라고 쓰면 됩니다.

(6) 칠판에 수직선과 1~10점의 점수를 미리 그려 놓고, 작성한 포스트잇을 붙이도록 한다. 돌아가면서 자신의 점수를 그렇게 준 까닭을 간단히 친구들 앞에서 발표한다.

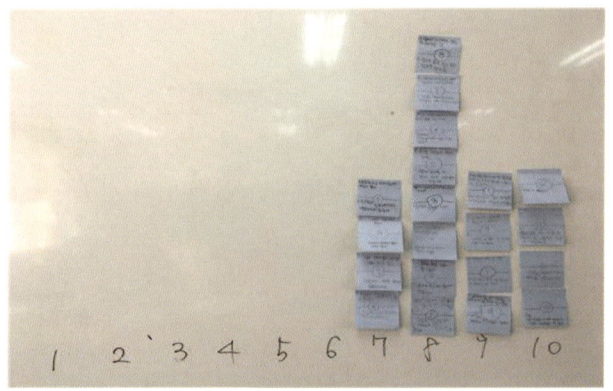

(7) "자신의 이전 점수보다 더 노력해서 10점에 가까워지도록 같이 노력합시다." 정도로 수업을 마무리한다.

'포켓몬볼 가치수직선 정리 활동'은 스스로 자신의 정도를 깊이 생각해 보게 하기 때문에 수업이나 프로젝트 마무리 활동으로도 좋습니다. 활동의 시작이나 중간, 끝으로 나눠서 표현해 보면 아이들이 스스로 자신의 생각이 변화하는 과정을 알아차리며 배움의 성장을 경험할 수 있습니다.

3. 포켓몬볼 가치수직선 활동 지도시 유의할 점

포켓몬볼 가치수직선 활동을 할 때 아이들은 가치에 대한 막연함을 느끼기 쉽습니다. 가능하다면, 간단한 정도의 가이드라인을 제시해주는 것이 좋습니다. 예를 들어 '수업 태도'라면 이런 식으로 아이들과 대화하며 가이드라인을 칠판에 적습니다.

> 0 : 수업 준비를 하지 않고 수업 중에 내내 엎드려 잠.
>
> 3 : 수업 준비를 하지 않고 수업 준비물도 갖추지 않으며 수업 중 계속 딴짓을 함.
>
> 5 : 수업 준비를 하지 않고, 수업 중에 선생님은 바라보나 선생님의 발문에 대답을 하지 않음.
>
> 7 : 수업 시작할 때 교과서를 미리 펴 놓지만, 선생님의 질문에 손을 들지 않음.
>
> 9 : 수업을 시작할 때 미리 교과서를 펴 놓고 있고, 선생님의 질문에 손을 들어 적극적으로 자신의 의견을 밝힘.
>
> 10 : 수업을 시작할 때 교과서를 미리 펴 놓고 준비하며, 적극적으로 질문하며 수업에 참여함.

아울러 보다 정확하고 정교한 의견을 확인하고 싶다면, 4차원 가치수직선 활동을 적용하는 것도 괜찮습니다.

X축: 현실성 비현실성 축, Y축: 찬성 반대 축으로 나누어 진행합니다.

'미래에 대가족과 핵가족 중에서 어떤 가족을 이루며 사는 것이 좋은가?'라는 주제로 이야기를 나눈다면, 각자 대가족에 대한 자신의 생각을 '찬성'과 '반대', 그리고 '현실성'과 '비현실성'의 축으로 나누어 생각하고 표시합니다.

(1) 4명씩 한 모둠으로 조직한 후에 포스트잇을 나누어 준다.

(2) 칠판에 그린 대형 가치수직선에 자기 위치를 포스트잇에 써서 붙인다. 이때 포스트잇에 자신의 이름을 쓰도록 한다.

(3) 칠판에 붙인 포스트잇의 결과를 공개한다.

(4) 왜 그렇게 붙였는지 친구들 앞에서 발표하고 친구들의 질문을 받는 시간을 가진다.

(5) 마지막으로 생각이 바뀌었다면, 가치수직선에 고쳐 붙일 수 있다.
이때 '변덕스러움', '자존심이 없음' 등의 비난이 일지 않도록, 정확한 정보와 의견으로 자기의 의견을 바꾸는 것이 얼마나 정직하고 용감한 일인지 격려해 주어야 합니다.

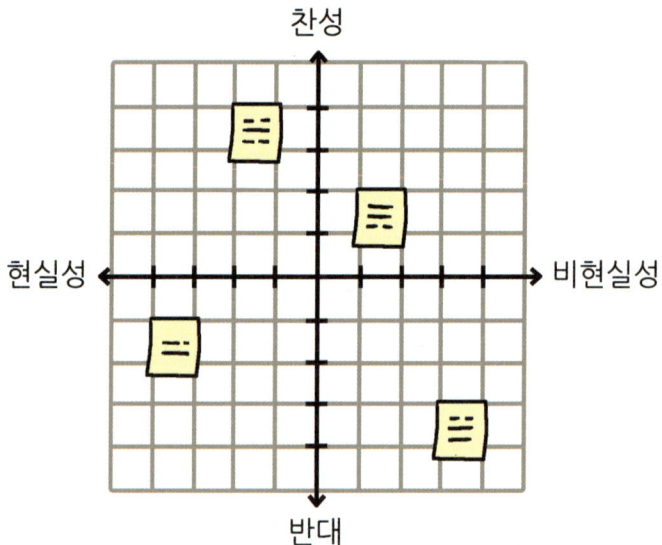

학습보드판으로 메타인지 키우기

```
1. 학생의 인지적인 능력
        ?
3. 학생의 가정환경과 부모의 후원
4. 학생의 메타 인지적인 능력
5. 학습과 관련된 교사-학생의 상호작용
```

미국의 왕, 해르텔, 그리고 월버그(Wang/Haertel/Walberg)의 1993년 공동 논문에는 '학습 성취에 대한 영향력의 순서'라는 18가지 요인들의 목록이 나와 있습니다. 학생들의 '학업 성취', 즉 성적에 가장 영향을 주는 요인은 무엇이라고 생각하십니까? 자존감? 내적 동기?...사실 성적에 가장 영향을 주는 1위는 뜻밖에도 '학생의 인지적인 능력', 즉 타고난 머리입니다. 열심히 가르치는 교사 입장에선 조금 실망하셨나요? 3위는 학생의 가정환경과 부모의 지원, 4위는 학생의 메타인지적인 능력이었습니다.

1위는 '학생의 인지적인 능력', 즉 학생에게 달려 있고, 3위 '학생의 가정환경과 부모의 지원'은 부모에게 달려 있습니다. 교사로서 관심을 기울일 부분은 4위, 학생의 '메타인지적인 능력'입니다.

1. 메타인지를 키우는 다섯 가지 방법

UCLA 대학에서 진행되었던 '메타인지 기억 인출 실험'을 해보겠습니다. 지금부터 '애플 로고'를 보지 않고 30초 안에 아래 칸에 그려보세요.

정확하게 그렸나요? 크게 실망하지 않으셔도 됩니다. 실험에 참가한 85명의 UCLA 대학생들 중에서 1명만 정확히 그렸고, 8개 변형된 로고 중 고르는 실험에서도 47%만 정답을 맞혔습니다. 재미있는 건 85명의 학생 중에서 무려 52명이 아이폰을 사용하고 있었음에도 불구하고 말입니다.

　　정답은 다음 쪽에 공개합니다. 어떤가요? 비슷하게 그리셨나요? 알고 있었다고 생각했지만, 실제로는 알고 있는 느낌만 가지고 있었지 제대로 알지 못했다면 메타인지가 작동되지 않은 것입니다. 분명한 것은 메타인지는 이렇게 틀렸을 때 제대로 작동되기 시작한다는 사실입니다.

　　'메타인지(MetaCognition)'란 자신의 인지적 활동에 대한 지식과 조절을 의미하는 것으로, 내가 무엇을 알고 모르는지에 대해 아는 것에서부터 자신이 모르는 부분을 보완하기 위한 계획과 그 계획의 실행 과정을 평가하는 것에 이르는 전반을 의미합니다. 예를 들어, 의사결정 상황에서 'A를 선택할 것인가, 아니면 B를 선택할 것인가'에 대한 생각을 인지(Cognition)라고 한다면, 'A 또는 B를 선택한다는 것이 사고의 함정에 빠지지 않고 올바르게 판단하고 있는 것인가?'라고 한 단계 위의 수준에서 생각하는 것이 메타인지(MetaCognition)입니다. 즉, 인지를 사고가 수행하는 엔진에 비유한다면, 메타인지는 사고의 방향을 설정하는 조종 장치의 역할을 뜻합니다.

메타인지라는 단어를 처음 사용한 J. H. Flavell 은 메타인지가 무엇인가에 관해 다음과 같은 말을 남겼습니다.

"메타인지는 한 인간 고유의 인지 과정뿐만 아니라 그와 관련된 것들에 대한 지식을 가리킨다. 가령 학습과 관련된 정보와 데이터가 지닌 속성 같은 것들 말이다. 내가 A를 학습할 때 B를 학습할 때보다 더 어려움을 느낀다는 걸 알아챈다거나, C를 사실로 받아들이기 전에 다시 한 번 확인해 봐야겠다는 생각이 번뜩 떠오른다면, 바로 그때 나는 메타인지에 맞닥트리는 것이다."

대학 수능 성적이 상위 0.1퍼센트인 아이들은 평범한 아이들에 비해 뭐가 다를까요? 십중팔구 남다른 머리를 타고난 것이라고 이야기할 것입니다. 당연히 아이큐나 기억력도 평범한 아이들과는 비교할 수 없을 만큼 좋을 것으로 생각할 것입니다. 공부를 잘하는 학생들의 특징은 '공부한 내용에 대해서 자신이 무엇을 알고 무엇을 모르는지를 알고 있다'는 것입니다.

EBS 제작팀은 수능 상위 0.1퍼센트 고등학생을 대상으로 〈학업 성취도와 기억력의 상관관계〉 테스트를 진행했습니다. 첫 번째는 기억력을 테스트하는 시험으로 한 팀은 0.1퍼센트의 학생들이었고 다른 한 팀은 일반 학생들이었습니다. 서로 연관성이 없는 단어 25개를 각 단어당 3초씩 듣고 외워야 하는 시험, 학생들은 3분 동안 기억나는 단어를 모두 쓰면 됩니다. 어떻게 되었을까요?

결과는 의외였습니다. 0.1퍼센트 아이들과 일반 학생들의 차이는 평균 8개 내외로 기억력에 큰 차이를 보이지 않았습니다. 심지어 0.1퍼센트의 어떤 여학생은 이번 실험으로 자신의 암기력이 남다르다고 생각했는데 그렇지 않다는 사실을 깨닫게 됐다고 말하기까지 했습니다.

그런데 암기를 한 뒤 자신이 몇 개의 단어를 쓸 수 있는지에 관한 테스트에는 두 그룹이 유의미한 차이를 보였습니다. 일반 학생들 중 자신이 몇 개를 기억할지 제대로 맞춘 학생은 단 한 명도 없었습니다. 하지만 0.1퍼센트의 학생들은 한 명을 제외하고 모두 자신이 몇 개의 단어를 쓸 수 있는지를 정확하게 답했습니다. 아주대학교 심리학과 김경일 교수는 "이 두 집단의 차이는 기억력 자체의 차이가 아니라 자기가 얼마만큼 할 수 있느냐에 대한, 그것을 보는 안목이 능력의 차이라고 볼 수 있습니다."라고 말했습니다. 결국 0.1퍼센트와 일반 학생들은 메타인지에서 차이를 보인 것입니다.

그렇다면 메타인지 능력이 높다는 말은 무엇을 의미하는 것일까요? 자신이 무엇을 알고 무엇을 모르는지를 알기 때문에 자신의 장점을 극대화하고 자신의 단

점을 최소화할 학습 전략 즉, '공부법'을 창조할 수 있다는 말입니다.

우등생들은 문제에 부딪치면 상황을 평가해 전략을 짜고 이에 맞춰 해결을 시도합니다. 이어 자신이 사용한 전략을 점검, 조정하는 과정을 거치죠. 상황이 종료된 뒤에도 쉬지 않습니다. 결과에 대해서도 반성과 평가를 하는 등 자신의 생각을 한 단계 위에서 다시 생각하고 통제하는 메타인지 능력이 잘 발달 되어 있고 또 잘 활용합니다.

이에 반해 공부를 못하는 학생들은 메타인지를 좀처럼 쓰지 않습니다. 당연히 모르는 것은 그냥 넘어갑니다. 그렇게 하루 이틀 지나면 자신이 무엇을 모르는지 조차 알 수 없게 됩니다. 문제 해결법도 즉흥적입니다. 문제에 부딪치면 그 순간 머릿속에 떠오르는 해결책을 점검 없이 그대로 적용합니다. 그리고 단순한 과제도 안이하게 생각해서 실수를 반복하게 됩니다.

다음은 메타인지에 관한 질문들입니다. 솔직하게 답해 보고 '아니오'라고 답한 부분은 실제로 실천하도록 계획을 세워볼 필요가 있습니다.

(1) 내용을 제대로 이해하지 못했거나 주의를 기울여 읽지 않았음을 알았을 때 그 부분을 다시 세심하게 읽는가?

(2) 짧은 단락을 읽고 난 뒤에 자신이 방금 읽은 내용을 자신의 말로 요약해 보는가?

(3) 책을 읽을 때 요약 정리된 부분이나 연습 문제를 꼭 푸는가?

(4) 책에 나온 아이디어들을 서로 연계시켜 보려고 노력하는가?

(5) 자신이 모르는 용어가 나왔을 때 사전이나 검색을 통해 용어를 완전히 이해하려고 노력하는가?

(6) 시험 공부를 할 때 자신이 어렵다고 여기는 부분에 더 많은 시간을 할애하는가?

(7) 읽은 자료들의 필요성에 대해 평가하고 적절히 분류해서 정리하는가?

메타인지는 타고나는 것이 아니라 길러지는 능력입니다. 사소하지만 교실에서 강조하는 **메타인지를 키울 수 있는 5가지 습관**들을 소개합니다.

(1) 문제를 읽을 때는 밑줄을 긋는다.

(2) 문제 해결에 필요한 자원 (개념, 원리, 공식 등)이 없을 때는 관련된 책 (교과서, 참고서, 문제집, 노트 등)을 찾아본다.

(3) 친구나 교사, 인터넷 학습 사이트 등의 도움을 얻는다. 해결책을 찾는 채널을 다양하게 한다.

(4) 틀린 문제나 이해하지 못한 개념 정리 노트를 따로 만든다.

(5) 교과서를 처음부터 끝까지 차근차근 읽는다.

메타인지의 활용에 있어서 무엇보다 교사의 역할이 매우 중요합니다. 답이 맞았더라도 그 과정이 정확한지를 확인해야 하고, 또 "왜 그런 방법으로 풀었나요?", "왜 그렇다고 생각합니까?"하고 질문해서 자신이 한 공부를 되짚어 볼 수 있도록 도와주어야 합니다. 이런 질문에 대답하지 못하는 학생은 대부분이 메타인지 활용 능력이 떨어지는 것입니다.

2. 학습보드판으로 메타인지 키우기

교실에서 일방적 수업을 하지 않으려면, 수업 정리 단계에서 아이들이 교과서를 덮고 자신의 생각을 정리하며 메타인지를 강화시킬 필요가 있습니다.

외국의 환경 게시판을 둘러보며, 메타인지를 강화시키기 위한 두 가지 아이디어를 얻었는데, 바로 'What stuck with you today?'(오늘 공부하며 막힌 부분은?) 포스트잇 게시판과 'Show what you know today!'(오늘 알게 된 것은?) 포스트잇 게시판이었습니다.

    교실에서 수업을 정리하는 단계에서 아이들 모두의 생각을 알 수 있도록 '학습보드판'(아이스크림몰 http://www.i-screammall.co.kr)을 만들었습니다. 포스트잇에 자신의 생각을 정리하고 학습보드판에 적힌 자기 이름 위치에 붙이면 됩니다. 다른 친구들은 무엇을 배웠는지? 무엇이 어려운지 확인할 수 있고, 교사는 자신의 수업이 학습목표에 달성했는지 확인하고 다시 피드백해줄 수 있습니다.

메타인지를 키워줄 수 있도록 '학습보드판'을 효과적으로 이용하려면 어떻게 해야 할까요?

(1) '학습보드판'은 포스트잇을 활용해 오늘 공부한 내용 중에서 무엇을 배웠는지 표현하도록 도와준다.

오늘 수업 시간을 통해 가장 기억에 남는 것이 무엇인지 한 문장으로 표현하도록 합니다. 이때 교과서를 덮고 쓰게 해보면, 아이들이 무엇을 알게 되었는지 확인할 수 있습니다.

<활용예시>

(2) '학습보드판'은 포스트잇을 활용해 오늘 공부한 내용 중에서 학생들이 무엇을 어려워하는지 적도록 해 설명이 부족한 부분을 알 수 있게 해 준다.

수업이 끝난 후에 오늘 공부한 내용 중에서 어떤 부분이 어려웠는지 포스트잇으로 적게 하고, 그 내용을 살펴보는 과정을 통해 교사는 다음 시간 시작할 때 좀 더 정확한 피드백을 해줄 수 있습니다.

(3) '학습보드판'은 교과 수업과 관련된 질문에 대한 아이들 모두의 답을 함께 볼 수 있게 한다.

수업 내용과 관련해 아이들 모두의 생각을 알고 싶을 때 중요한 질문을 담아 활용해 볼까요? 예를 들어 방학이 가까웠을 때에는 '이번 방학에는 어디에 가고 싶나요?'라고 주제를 적어주면 됩니다. 사회 시간, 세계 여러나라에 대해 배운다면 '꼭 가보고 싶은 나라는?'이라고 주제를 적으면 됩니다.

'숙제는 필요한가?', '초등학생이 화장을 해도 되는가?' 등의 토론에 대한 찬성, 반대 의견을 포스트잇에 적게 할 수도 있습니다. 또는 토론이 아니라도 '이번 방학 때 꼭 해보고 싶은 것은?', '내가 괜찮은 사람이라고 생각될 때는?', '친구들은 모르는 나만의 매력 포인트는?' 등의 좋은 주제로 아침자습을 대신하게 할 수도 있습니다.

일반적인 아이들은 설명을 듣고 이해됐을 때 그것을 안다고 표현하지만 진짜 아는 것이 아닐 수 있습니다. '학습보드판'을 활용하면 메타인지도 개발하며 진짜 아는 것과 모르는 것을 구분하고, 공부한 내용을 진짜 알 수 있도록 도와줄 수 있을 것입니다.

이러한 메타인지는 학업 능력과 성적에 어떤 영향을 미칠까요? 다양한 연구 결과와 실제 사례를 종합해 보면 초등학교나 중학교 저학년 때는 IQ 같은 기초 사고 능력이 뛰어난 아이들의 성적이 더 높지만, 중학교 이후로는 학년이 올라갈수록 IQ보다는 메타인지가 뛰어난 학생들이 학업에서 더 두각을 보입니다. **메타인지가 뛰어난 학생들은 자신이 무엇을 알고 모르는지를 명확하게 알기 때문에 최적의 학습 전략을 세울 수 있기 때문입니다. 즉, 무엇을 얼마나 더 공부해야 할지를 계획하고 실천하는 능력이 뛰어나기 때문에 상대적으로 더 적은 시간에 효율적으로 공부할 수 있습니다.**

아주대학교 심리학과 김경일 교수는 "사회생활에 필요한 자기 성찰력, 문제 해결력, 추진력 등도 '메타인지'의 범주에 속하기 때문에 메타인지는 청소년뿐 아니라 성인에게도 매우 중요한 능력"이라고 강조했습니다. 더구나 지능지수(IQ) 같은 기초 사고 능력은 상당 부분 타고나며 일정한 시기가 지나면 거의 변하지 않지만, 메타인지는 노년기까지도 지속적으로 발달(혹은 퇴보)할 수 있는 능력이라는 점에서 더욱 주목할 만합니다.

인지 심리학자들은 세상에는 두 가지 종류의 지식이 있다고 말합니다. 첫째는 '안다고 생각하지만 남에게 설명할 수 없는 지식'이고, 둘째는 '안다고 생각하며 남에게도 설명할 수 있는 지식'입니다. 인지 심리학자들은 이 가운데 후자(後者)만 '진짜 자기 지식'이라고 말합니다. 즉, '설명'하는 과정을 통해서만 메타인지를 점검하고 발달시킬 수 있다는 이야기입니다. 공부한 것, 습득한 지식, 읽은 내용 등에 대해 '말'하지 않으면 메타인지는 절대로 발달하지 않습니다.

메타인지를 길러주기 위해 교사가 가장 피해야 할 행동은 '결과에 대해서만 칭찬하는 것'입니다. 점수로만 칭찬하면 아이는 부정행위를 해서라도 좋은 점수를 받으려고 할 수도 있습니다. 심지어 이보다 더 나쁜 결과로 이어질 수도 있습니다. 아예 노력조차 안 하게 되는 겁니다. 똑같이 낮은 점수여도 노력하지 않았으면 '그래도 내 머리가 나쁘지 않다'고 생각할 수 있지만, 노력했는데도 낮은 점수가 나오면 아이는 결국 '내 머리가 나쁘다'고 생각하게 되거든요. 그러니 평소 결과가 아닌 과정(노력)에 대해 칭찬하는 습관을 가져야 합니다.

아울러 공부하려 하지 않는 아이에게 "너는 하려고만 들면 얼마든지 잘할 수 있어." 라고 말하는 것도 금물입니다. 아이는 '하면 잘할 수 있다'는 가능성을 남겨두고 싶어서 결코 공부하려 하지 않을 수 있기 때문입니다.

전 세계의 교사들 수업 엿보기

1998년 '꾸러기들의 지킴이 예은이네'(http://picture.edumoa.com) 교육자료 공유 사이트를 처음 만들었습니다. 지금에야 인디스쿨이라는 독보적인 교육자료 공유 사이트가 있지만, 인디스쿨이 만들어지기 2년 전의 일입니다.

좋은 교사가 되고 싶었고, 아이들과 재미있고 의미있는 수업을 하고 싶었습니다. 처음 발령 나자마자 고3처럼 교과서와 지도서를 매일 집으로 들고 다니며 '수업 준비'를 했지만, 제대로 배운 적이 없으니 어렵기만 했습니다. 게다가 2학기 새로 바뀐 선생님에게 아이들은 쉽게 마음을 주지 않았고, 수업 시간마다 혼자 떠드는 기분에 씁쓸했습니다. 점점 저는 수업에 지치기 시작했습니다. 중등 선생님과 달리 한 번도 해보지 않았던 수업을 매일 준비해야 했고, 다시는 이 수업을 하지 않을 지도 모르기 때문이었습니다.

그러다 HTML 태그로 홈페이지 만드는 걸 알게 되었습니다. 처음 만들었던 허접한 홈페이지, 사실 방명록과 게시판도, 카운터도 없었지만, 우리 반에서 제 나름대로 적용했던 놀이를 처음 콘텐츠로 담았습니다. 6개월여 방치해 두었다가 우연히 방문객 수를 확인할 수 있는 카운터 서비스를 달았는데, 하루 방문객 100명이 온다면, 제가 들락날락 50번은 접속했던 때였습니다. 그러다 방명록 제공 사이트의 도움으로 무료 방명록을 달았고, 제주도의 한 선생님이 "선생님의 놀이 덕분에 우리 교실에서 아이들과 재미있게 놀았습니다."라는 2줄짜리 답글에 흥분해 교실에서 해볼 새로운 놀이들을 찾기 시작했습니다. 아무도 알려주지 않았던 시대에 '수업을 잘해보고 싶다.'는 막연한 바람만 가지고 좌충우돌 시행착오를 겪던 시기였습니다.

이제 예은이네 회원만 125,000명, 방문 누계 11,037,543명, 약 천 백 만 명이 넘는 선생님의 방문이 있었습니다. 적어도 온라인 공교육 1세대의 역할은 해냈다고 생각합니다.

대두샘 박병건 선생님이 처음 만드셨던 인디스쿨(http://www.indischool.com)은 초등교육에 얼마나 큰 변화의 바람을 일으켰는지 모릅니다. 이제는 교실을 넘어 다른 교실과 연결하는 걸 넘을 시대에 와 있습니다.

2018년 페이스북의 월 활동 이용자 수(MAU)는 22억 명을 넘어섰습니다. 페이스북을 만든 마크 주커버그는 꿈이 '모든 이들을 연결하는 것'이라고 했습니다. 이제 교실을 넘어 세계의 교실이 더 잘 가르치기 위해 어떻게 해야 할지 서로 연결될 때가 다가왔습니다. 더욱 잘 가르치기 위한 '경쟁', '외국의 교사들은 더 나은 교육을 위해 이런 노력을 기울이고 있구나.' 자극을 얻고, 도전받아 더욱 '성장'할 수 있는 시대가 되었습니다. 외국어를 능숙하게 하지 못해도 기술의 발전은 더욱 세계의 교사들을 가깝게 돕고 있습니다.

1. 이미지 중심의 SNS '핀터레스트' 활용하기

 세계 여러 나라의 선생님들 교육활동을 알고 싶을 때 큰 도움이 되는 핀터레스트(https://www.pinterest.co.kr)를 소개드립니다. 무서운 상승세로 온라인 방문건수 미국 3위 SNS 로 자리 잡은 핀터레스트는 인스타그램과 같은 이미지 중심의 SNS라고 생각하시면 됩니다. 다른 점을 이야기하자면 바로 핀(Pin)이라는 개념!

 인스타그램을 많이 이용하다 보면 자신의 사진 관리가 어렵거나 주제별로 혹은 자기가 좋아하는 사진만 따로 모아놓고 싶을 때가 있습니다. 그럴 때 핀터레스트에는 핀보드라는 것을 만들어 그 핀보드에 사진을 올리거나 다른 사람의 사진을 리핀(Repin)해서 자신의 핀보드에 저장할 수 있습니다.

(1) 핀터레스트에 접속한다.
  PC로 접속하거나 스마트폰으로 핀터레스트 앱을 설치해 실행해도 됩니다.

(2) 검색 창에 찾고 싶은 영어 검색어를 입력하여 자료를 찾는다.

예를 들어 아이들 만난 첫 날, 세계의 선생님들은 무엇을 할까? 궁금하다면 'first day of school activities' 라고 검색하면 됩니다. 외국어가 익숙하지 않다면, '구글 번역'의 도움을 받으면 됩니다.

(3) 보이는 이미지 중에 관심이 가는 내용을 클릭한다.

(4) 구글 크롬 브라우저로 접속했다면, 마우스 오른쪽 버튼을 눌러 '한국어로 번역'을 누르면 우리말로 번역된 글로 쉽게 내용을 이해할 수 있다.

(5) 하단에는 '유사한 핀'들이 자동으로 검색되어 나타나므로 함께 참고하여 자료를 찾도록 한다.

2. 일본 '토스랜드' 활용하기

혹시 일본 최대의 교사 연구 단체인 '토스(TOSS)'에 대해 알고 있나요? 약 1만 명이 넘는 초·중등 교사들이 스스로의 수업 기술을 향상시키고 그런 기술이나 방법을 전국 교사들의 공유 재산으로 하려고 노력하는 교사 연구 단체입니다.

'토스(TOSS)'는 인터넷에서 선생님들이 교육 기술을 공유할 수 있도록 '토스랜드(TOSS LAND)'라는 포털 사이트를 개설했습니다. 각 교과의 수업 방법에서 학급 경영 기술 및 특별 지원 교육 등 다양한 분야에 걸쳐 콘텐츠가 2만 개 이상 등록되어 있습니다. 현재 접속 수는 누계로 약 1억 3천만, 한 달에 약 200만 페이지 뷰가 있으며, 현재 70여 개의 나라 선생님들이 이용하고 있습니다.

구글 크롬 웹브라우저로 토스랜드(tos-land.net)에 접속하면, 일본어를 몰라도 마우스 오른쪽 버튼을 눌러 '한국어 번역'을 선택했을 때 일본 교사들의 수업 자료를 바로 한글로 볼 수 있습니다. '카테고리' 별로 검색하거나 '학년 선택' 후 분류된 자료를 일일이 읽어볼 수도 있습니다.

(1) 일본어를 몰라도 구글 번역 사이트로 들어가서 찾고 싶은 검색어의 일본 글자를 확인하고 마우스로 복사한다.
  예를 들어 '뜀틀' 지도를 어떻게 하는지 알고 싶어서 '뜀틀'이라고 검색하

고, 검색된 일본어 '跳び箱'를 마우스로 블록을 씌워 복사하면 됩니다.

(2) 토스랜드(http://tos-land.net)에 접속해서 검색창에 '붙여넣기' 한다.

(3) 검색된 사이트 중에서 가장 위쪽 게시 글부터 콘텐츠 개요를 확인하고, 찾는 자료라면 클릭한다.

(4) 검색된 자료가 찾는 자료라면, 인쇄하거나 복사하여 자신의 블로그, 밴드

등에 올려놓고 필요할 때에 교실에서 활용한다.

3. 유튜브 활용하기

요즘엔 어디를 가도 유튜브 대세론을 접합니다. 아이들은 유튜브로 검색을 하고 세상을 배웁니다. 유튜브는 이제 단순히 재미있는 영상들뿐만 아니라 각종 지식과 노하우를 나누고 공유하는 교실로 새롭게 자리 잡고 있습니다. 교실에는 선생님도 있는 법, 유튜브에서 활약하는, 혹은 유튜브를 활용하는 선생님들도 점차 늘어나고 있습니다. 크리에이터를 꿈꾸는 아이들, 크리에이터를 꿈꾸는 선생님들도 더 많이 늘어가고 있습니다.

"인간의 정체성은 소비가 아니라 생산을 통해 형성된다."고 신영복 선생님께서 말씀하셨습니다. 소개드리는 채널의 선생님들처럼, 다운로드 교사를 넘어 '업로드 교사'로 성장하게 되길 응원합니다.

(1) 추천 교사 크리에이터 사이트

(가) 티처튜브 (https://www.teachertube.com)

'티처튜브(TeacherTube)'는 교사, 학생, 그리고 부모를 위한 세계 최고의 교육용 비디오 커뮤니티라고 할 수 있습니다. 완벽하게 교육적 콘텐츠에 집중하는 것을 제외하고는 운영 방식이나 등록 방식 등이 유튜브와 동일합니다. 'common core stnadards'와 주단위의 표준 기준으로 브라우징이 가능하고 오디오와 사진과 같은 다른 콘텐츠들도 라이브러리에 포함되어 있습니다.

(나) 아이들에게 꿈을 선물하는 현직 교사들의 모임 '아꿈선 초등3분 과학' 채널. (https://www.youtube.com/channel/UCWwNg2FT5WoHS5RmWageH-w)

아이들이 과학에 대한 흥미를 잃지 않도록, 초등학교 교과서 속 과학 개념을 실험 영상이나 동요와 같은 콘텐츠로 쉽게 풀어 교육에 활용하고 있습니다. 지역에 따른 교육 인프라 불균형을 극복하고자 누구에게나 오픈된 플랫폼인 유튜브를 활용하고 있습니다. 눈높이에 맞춘 다양한 과학 실험 영상들과 함께, 댓글로 궁금한 점을 묻고 답하며 유튜브가 학습의 장으로서 가진 긍정적인 효과를 발산하고 있습니다.

(다) EBS 영어 강사 허준석샘의 '혼공TV'

(https://www.youtube.com/channel/UCihruK1pwJPsukySPatFgsQ)

EBS 영어강사 13년차(EBSi, EBS FM, EBSe 등)인 허준석 선생님이 수많은 국내파 고수와 원어민들 친구, 동료들과의 경험을 토대로 영어 즉문즉답을 하고 있습니다.

(라) 몽당분필

(https://www.youtube.com/channel/UCFtF-qGMr8-edE8K0KVxQSA)

유쾌한 교육 소통 '몽당분필'은 젊은 교사들이 현장 경험을 통해 연기를 하고 동영상으로 제작해 제공하고 있습니다.

(마) 박영민 선생님의 '수업읽어주는 남자'

(https://www.youtube.com/channel/UCICzZofEyDnklrQN1pPGTqw)

거꾸로교실 수업을 주로 하시는 박영민 선생님이 카훗, Quizizz로 수업하기 등 생생한 수업 장면을 유튜브 채널을 통해 소개해 주십니다.

(바) 인디스쿨 유튜브 서비스 '에튜버스'

이제 유튜브는 초등학생뿐 아니라 선생님들에게도 수업자료 및 외에도 다양한 흥미와 오락, 공부, 영상 자료의 보고가 되어 정보 검색의 대세로 떠오르고 있습니다. 따라서 인디스쿨에서도 인디공방에 에튜버스 메뉴를 만들어 보다 유튜브 자료를 쉽게 올리고 공유할 수 있도록 만들었습니다.

(사) 아이스크림 서비스 유튜버Q

아이스크림(http://www.i-scream.co.kr) 서비스에도 이런 흐름을 반영하여 '유튜브Q'라는 쌤튜브 서비스를 통해 새롭게 유튜브 큐레이션 서비스를 시작했습니다.

'유튜브'라는 바다는 너무 넓어서 선생님들이 만든 영상도 어디있는지 찾지 못하고, 수업에 필요한 영상을 찾아도 선생님들끼리 공유되지 못하는 상황입니다. 선생님들에게 유튜브의 영상을 큐레이션해 주는 서비스가 속속 나오고 있어서 더욱 유튜브를 활용한 참여수업은 탄력을 받을 것 같습니다.

(2) 유튜브 동영상 다운로드하기

수업 준비를 하면서 유튜브 동영상을 미리 다운로드받으면 좀 더 쉽게 수업에 활용할 수 있을 것입니다. 물론 유튜브 유료 서비스로 저장하면 쉽게 다운로드받을 수 있지만, 꼭 유료가 아니래도 수업에 쓸 유튜브 동영상을 미리 다운로드받을 수 있는 방법이 있습니다.

다운로드받고 싶은 유튜브 동영상을 클릭한 후, Youtube 주소 앞에 ss를 넣어줍니다. 예를 들어 양만춘의 '안시성 싸움'과 관련해 설민석의 강의를 다운로드받으려 한다면, 유튜브 주소 https://www.ssyoutube.com/watch?v=Yc31v6RRYlg 앞에 ss를 넣어 검색합니다.

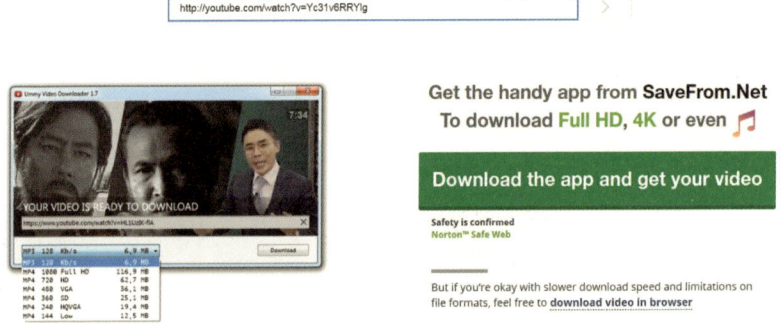

그런 다음 나타난 창에서 오른쪽 하단의 'download video in brower'를 클릭한 후, 원하는 파일 형식을 찾아 클릭하면 다운로드받을 수 있습니다.

4. 전국구 동학년 밴드 활용하기

2018년 초 6학년 동학년 밴드(band.us/@grade6)를 만들었습니다. 교사들이 6학년 담임 배정을 꺼리는 이유는 사춘기에 접어든 학생들 생활지도의 어려움 때문입니다. 일부 학생들은 여교사보다 키가 크고 힘도 셉니다. 잘못된 행동을 지적하는 담임교사에게 반항하거나 욕설을 하기도 하며, 심지어 교사를 폭행하는 사건도 종종 발생합니다. 여기에 타 학년 담임들은 하지 않는 상급 학교로의 진학 상담, 졸업 준비 등 6학년 고유 업무가 있어서 6학년 담임을 맡으면 1년이 피곤해집니다. 이때문에 6학년 담임을 3월1일자로 새로 전입해 온 교사에게 일방적으로 맡겨버리는 경우가 많습니다. 전입 교사는 그 학교의 특성도 파악하지 못한 채 오자마자 6학년 담임을 떠맡게 되니 효과적인 학생 지도가 이루어질 리가 없습니다. 억지로 6학년 담임을 맡게 된 교사가 1년간의 담임 업무를 사명감을 가지고 적극적으로 수행할 수 있을까요? 어떻게 해서든 1년을 사고 없이 대충 보내고자 할 것입니다. 게다가 억지로 6학년 담임을 맡게 된 젊은 교사들은 '힘들고 어려운 일은 전부 우리가 맡게 된다'는 피해의식을 갖게 됩니다. **무엇보다 우려되는 점은 젊은 교사들에게만 6학년 담임을 맡길 경우 동시다발적으로 벌어지는 여러 문제에 효과적으로 대처하기 어렵다는 사실입니다. 6학년 담임에게는 고경력 교사의 경험과 노련함이 반드시 필요합니다. 여기에 젊은 교사들의 열정이 더해진다면 훨씬 더 안전하고 바람직하게 6학년이 운영될 수 있을 거라 생각했습니다.** 17년동안 6학년을 했던 경험을 살려 '6학년 선생님 밴드'를 만들었고, 어느새 5300명이 넘는 전국구 6학년 동학년 선생님들이 모여 서로의 교실 속 수업과 어려운 고민을 나누게 되었습니다.

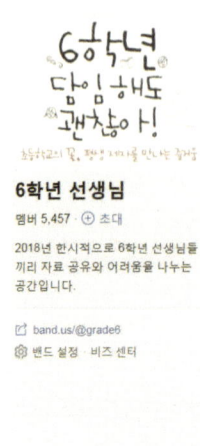

이어서 유치원, 1학년, 2학년, 3학년, 4학년, 5학년 선생님 밴드가 만들어졌고, 과학, 영어, 체육 등의 교과전담 밴드까지 가세했습니다. 인디스쿨 같은 탁월한 교사 커뮤니티가 있지만, 아무래도 출퇴근 등 가볍게 스마트폰으로 접근하기 쉽기 때문에 함께 활용하게 되었다고 생각합니다. 아직 가입하지 않으셨다면, 밴드를 설치하고 검색해 여러 선생님들의 교실과 연결될 수 있기를 바랍니다.

5. 페이스북이나 인스타그램 등의 SNS 활용하기

경기도 교육청 대변인실 소속 김차명 선생님은 1980년에서 1996년 사이 태어난 교사 4천656명(남성 829명·여성 3천826명)을 대상으로 진행한 설문 조사 결과, 약 68%의 교사가 인스타그램을, 54%의 교사가 페이스북을 하고 있다고 발표했습니다.

> 2030(80년생~96년생) 설문결과
> Q14. 어떤 SNS 하시나요?
> 1위 : 인스타그램(3,180명, 68%)
> 2위 : 페이스북(2,541명, 54%)
> 3위 : 카카오스토리(663명, 14%)
> 4위 : 트위터(365명, 7%) 5위 : 기타(451명, 9%)

선생님은 어떤 SNS를 활용하고 계시나요? 저는 개인적으로 페이스북의 영향력을 크게 느끼고 있습니다. 시간 낭비라는 생각에 열댓 번을 지웠다가 다시 설치하기를 반복하던 중에…이제는 페이스북을 제 생활로 받아들일 수 있게 되었습니다.

5000명 가까운 페이스북 친구들이 대부분 교사라서 교육에 대한 생각, 교육 정보, 때로는 아이들과 함께 하는 선생님의 교실 모습에서 받는 자극이 너무나 큽니다. 특히 책으로만 만날 수 있는 교육계의 저자들과 직접 연락이 닿을 수 있는 통로를 얻게 되어서 언제든 구체적인 도움을 받을 수 있게 되어 좋았습니다. 선생님도 페이스북의 '공유하기' 기능을 통해 혼자만 자료를 모아 보더라도 큰 도움이 될 거라 믿고 추천드립니다.

50 좋은 교사로 끊임없이 성장하려면?

"저는 교사로서 너무도 힘든 첫 해를 보냈습니다. 발령 첫해, 3일 동안 아이들에 대한 제 분을 이기지 못하고 교실을 뛰쳐나갔던 서투름이 지금도 저를 부끄럽게 합니다.

첫 해 제자들에게 너무나 많은 죄를 지었습니다. 그래서 평생 그 아이들에게 미안한 마음을 가지고 살고 있습니다. 지금 만났다면, 조금은 더 기다려주며 더 웃으며 즐겁게 아이들과 생활했을 텐데……."

어느 교사나 시행착오를 거치며 조금씩 성장하는 거라고 자신을 위로했지만, 그 과정 중에 만나는 아이들에겐 너무나 큰 피해를 주며 살아가겠구나! 생각하게 되었습니다. 어쩌면 교사와 관련된 뉴스마다 달린 수많은 악플들은 교사에게 받은 상처로 인한 당연한 결과라고 생각합니다. 그래서 교사가 끊임없이 '성장'을 경험하지 않으면 안 되겠구나! 교사는 단위 차시의 수업을 잘 짜는 삶을 넘어 매일 학생들에게 보이는 교사의 삶 자체가 바로 참 배움이 되겠구나! 깨달았습니다. 이제는 대학생이 된 딸이 한국애니메이션 고등학교에 다니던 때, 어느 날 1학년 때 그림들이 너무 부끄러워 모두 불태워 버렸다는 이야기를 했습니다. 그때 서투른 그림과 비교해 자신이 얼마나 성장했는지 알 수 있을 텐데 아쉽기도 했지만, 스스로 자신의 '성장'을 느끼고 있는 딸의 모습에 흐뭇했습니다.

저 역시 지금도 서투르지만, 단 하나 예전보다는 훨씬 스스로 '성장'을 느끼며 살아가고 있습니다. 며칠 전, 오랜만에 인디스쿨에 들어가 '고민 상담실' 글을 주욱 훑어 읽다가 '앞으로도 남교사는 승진 못 하면 말년에 많이 힘들려나요?'라는 글과 71개나 되는 댓글들을 하나하나 읽어보았습니다.

'일단 애들이 할아버지 선생님을 별로 좋아하지 않습니다……'라는 팩트 폭력 글과 동의하는 많은 댓글을 보면서 조금 서러워졌습니다. 사랑하는 내 자식의 생명이 걸린 수술을 맡긴다면, 우리는 경력이 쌓인 의사와 인턴 중 누구에게 맡길까요? 물론 경력만 길었지 초임교사보다 못한 선배님들이 있으니 함께 욕을 먹는 것이겠지만…….

'의아한 것은 승진을 권하는 사람들은 평교사로 남는 일의 비참함과 어려움만을 말하는 경우가 많다는 것입니다. 반대로 승진을 비판하는 사람들은 승진에 성공한 사람들이 모두 잘못을 저지른 사람들인 양 말하는 경우도 많습니다. 스스로에게 보이는 것을 말할 수밖에 없긴 합니다만, 그래도 전 그건 별로 공정한 것 같지 않습니다.

아시겠지만, 어느 길이나 고충은 있습니다. 둘 중에 뭐가 더 괴롭거나 즐거운지는 사람에 따라 다를 겁니다. 어떤 사람에게는 평교사로 남은 자신의 모습이 싫을 수도 있고, 어떤 사람에게는 승진 과정에서 겪는 일들이 죽을 만큼 괴로울 수도 있습니다.' 블루스 선생님의 글이 제 마음 같습니다.

20대에 일찌감치 "아이들 옆에 있을 때 당신은 보석같이 빛난다."는 아내의 말을 듣고 승진보다 학급경영과 수업에 매진해 살아왔습니다. **자신이 하고 싶은 일이 무엇인지, 무슨 일을 잘하는지, 무엇보다 내 스스로가 어떤 사람이길 바라고 어떤 사람이 아니길 바라는지 자꾸 되묻고 확인해야 합니다. '승진'에 대한 다른 이들의 조언보다 자신의 내면에 물어보는게 더욱 흔들리지 않는 신념을 만들어 줍니다. 한번 밖에 살지 못하는 인생, 결코 어느 길이 더 나은 정답이 아니니까요.**

한해 쉬고 복직해 7년 동안 근무한 학교의 마지막 해, 성적표를 확인했습니다.

알림장 한번 안 알렸는데도 26명 학부모님 중 8분이 참여해주셔서 감사했습니다.

초등학교 일반교사(담임) 학부모만족도조사 문항

소 속 : 서울난우초등학교　　　　　　　　　　　　　　　　　　성 명 : 허승환

순번	평가지표	평가문항	응답수	문항환산점	비고	
					나의 평균	학교 평균 (표준편차)
1	학습환경 조성	선생님은 자녀가 학습활동에 흥미를 갖고 참여할 수 있도록 도와줍니다.	8	5	5	4.75 (0)
2	교사·학생 상호작용	선생님은 평소 자녀에게 칭찬과 격려를 많이 합니다.	8	5	5	4.72 (0)
3	평가내용 및 방법	선생님은 공부한 내용을 적합한 방법으로 평가합니다.	8	5	5	4.73 (0)
4	개별학생 특성 파악	선생님은 평소 자녀와 지속적으로 상담하여 특성과 문제를 파악합니다.	8	5	5	4.69 (0)
5	학교생활적응 지도	선생님은 자녀의 학교 생활 적응을 위해 꾸준히 지도합니다.	8	5	5	4.75 (0)
6	기본생활습관 지도	선생님은 자녀가 바른 기본 생활 습관을 가질 수 있도록 지도합니다.	8	5	5	4.76 (0)

나이든 남자 선생님이지만, 8분 모두 5점 만점, 그리고 알아주신 격려도 따뜻했습니다. 올해 네 시간 가까이 걸리는 출퇴근 시간에 지쳐 그동안 쭉 해오던 매주 학급신문도 만들지 않았고, 점심시간 반 아이들 모두 등록해 하던 피구 스포츠클럽 활동도 접었습니다. **많이 힘을 뺐지만, 그래도 괜찮구나! 제가 지치지 않는 게 중요하다는 생각으로 꾸려온 한 해, 잘 살아온 것 같아 스스로를 칭찬합니다!**

교사로서 자신의 한계를 뛰어넘을 순 없겠지만, 한해 자신의 '성장'을 느끼며 살아갈 수 있었으면 좋겠습니다. 어떻게 하면 교사로서 아이들 앞에 부끄럽지 않게 서서 정년퇴임하는 날까지 성장할 수 있을까요?

1. 반성적 사고로 생각하는 교사되기

마지막으로 어떤 이야기를 할까 고민하다 '반성적 사고'라는 제게도 어려운 주제지만, 다루지 않으면 안 되는 내용에 대해 생각을 나누기로 마음먹었습니다. 가르치는 일은 매우 복잡하고 불확실하며 많은 사건이 동시다발적으로 일어나는

특징을 가지고 있습니다. 교사는 동시다발적으로 이뤄지는 교실 상황 속에서 살아가고 있습니다. 어쩌면 매 순간, 매일, 매달, 매해 많은 교사는 크고 작은 딜레마를 경험합니다.

- 놀이하고 있는 아이들 사이에 개입해야 하는가, 그대로 두어야 하는가?
- 내가 너무 교사 중심적으로 수업을 진행하고 있지 않은가?
- 나는 통제적으로 아이들을 다루고 있지 않은가? 아니면 책임 없이 너무 방임하고 있는 건 아닐까?
- 아이들과 눈을 마주치며 수업을 해야 하는데, 주어진 업무로 인해 마음이 바빠 수업 준비는 내버려 두고 업무 처리에 여념이 없다. 나는 어느 쪽을 더 중요하게 택해야 하는가?
- 나를 불편하게 하는 학부모를 피해 학원에 가야 한다며 청소를 안 하고 가려는 이 아이를 보내야 할까? 아니면 정면 돌파할까?
- 이 길이 나에게 맞는 길일까? 나는 내년에도 교직을 계속해야 하는가?

교사들은 동기 유발을 위한 발문을 하는 순간에도, 아이들과의 개인적인 상호작용 시에도, 통제와 자율, 자유와 관리, 허용과 개입 등 무엇이 옳은지? 어떻게 해야 하는지? 갈등합니다. 이처럼 불확실성, 동시성, 딜레마를 항상 포함하고 있는 교직의 특성으로 볼 때 표준화된 원리와 방법이 없다는 것은 때로 교사들을 좌절시키며 모방과 눈치를 발달시킵니다. 또한 그저 하던 대로, 또는 남이 하던 대로 따라가게 되기도 합니다. 교사들을 위한 많은 연구가 있으나 해결책이라기보다는 정보를 전달해 주는 것이므로 여전히 교사들은 목마릅니다. **확실한 대안은 교사 스스로 사고하고 의사 결정을 할 수 있는 능력과 반성적 사고를 할 수 있는 능력을 갖추는 것뿐입니다.**

2. 반성적 교사로 성장하기 위한 두 가지 제언

의료계에서는 그리스의 명의 히포크라테스이래 오늘에 이르기까지 명의들에 의하여 부단히 더 좋은 치료법이 계속 발전하여 왔으며, 지금도 연구가 진행되고 있습니다. 앞으로도 부단히 발달해 나가지만, 현 시점에서는 이것이 최선이라는 치료방법이 있습니다. 이것을 의료계에서는 '표준 처방'이라고 부릅니다.

그러니까 의료계에서는 '표준 처방'은 개인 재산이 아니라 공유 재산인 것입니다. 이래서 의료계에서는 어떤 의사도 '표준 처방'을 모르거나 그것을 무시하고,

자기가 생각한 방법대로 치료하는 사람은 없다고 합니다. 그래서 우리는 하나밖에 없는 귀중한 생명을 그들에게 믿고 맡길 수 있는 것입니다. 실제로 셋째 형님이 한의사인데, 두 달 동안 주말마다 워크숍에 가서 몇 백만원의 큰 비용을 들여 최신 한의학에 대해 공부하는 모습을 보고 돈이 아깝지 않냐고 했다가 교사로서 부끄러워지는 답변을 들었습니다. "사람의 생명을 다루는 직업인데, 이런 돈을 아깝다고 하면 되나?"

눈을 돌려 우리 교육을 돌아보면, 유감스럽게도 의료계의 '표준 처방'과 같이 현재까지 검증된 최선의 '교육 방법'이 공유되고 있지 않습니다. 베테랑 교사들이 분명히 많이 있었지만, 그들의 수업과 학급경영은 그 자신의 교실에서 반 아이들에게만 적용되었을 뿐, 공유 재산화 되지 않았습니다. 그래서 그가 교단을 떠나면, 개인의 우수한 교육적 재산은 동시에 사라지고 말았던 것입니다. 그렇다면 교사들은 전문가로서의 '성장'을 위해 어떤 노력을 기울여야 할까요?

(1) 교사를 전문가답게 만드는 일 - 기록

가까운 일본을 보더라도 퇴직할 때 한 사람의 교사가 작성한 기록물은 산더미처럼 많은 경우가 허다합니다.

> 3월 시업식 날로부터, 그 날의 학급 일지를 매일 써 갑니다.
> 이것은 공책에 쓰지 않았습니다.
> 4절 색지를 ⅛로 잘라서 사용합니다. 잘라낸 색지에 사인펜으로 씁니다.
> 매일 번호순으로 돌아가며 학급일지에 아이가 직접 기록합니다. 내용은, 날짜와 그 날의 사건입니다.

'누가', '어떤 노력을 했는지', '어떤 좋은 일이 있었는지'를 중심으로 쓰도록 합니다.

'누가', '어떤 노력을 했는지', '어떤 좋은 일이 있었는지'를 중심으로 쓰도록 합니다.

2, 3개월에 한번은 반 아이들 모두의 이름이 나왔는지 확인해주어야 합니다. 틈나는 대로 교사도 직접 읽고 도움이 되는 댓글을 달아주어야 합니다. 아이들이 쓴 학급일지는 교실 주위에 사진처럼 하나씩 붙여 갑니다. 색지는 여러 색깔을 골고루 순서대로 사용하면, 전체가 예쁜 색조가 되어 보기에도 예쁩니다. 학부모 총회 등의 참관일에는 부모님께서도 관심을 가지고 읽어 보십니다. 가끔 쓰는 방법을 칭찬해주며 어떻게 쓰는 것이 좋은지 일러 줍니다. 2월에는 학급일지를 모으고, 반 아이들 모두가 분담해 졸업문집 원고용지에 찍어서 갑니다.

- 어느 일본인 소학교 교사의 홈페이지에서 -

우리나라의 교사는 어떻습니까? 구체적으로는 학생 상담 기록이라도 제출하는 것을 제외하곤 개인 자료로 보관하고 다음에 진급하는 학년의 담임교사에게 피드백 하는 일을 찾아보기 어렵습니다. 학부모님과 상담을 할 때도 학생과의 상담 기록을 바탕으로 한 기록 자료를 가지고, 학생 주변의 환경과 개인적 특성을 함수 관계를 고려하여 행동을 분석해야 올바른 진단을 할 수 있는 법입니다.

① 수업일지의 활용

많은 교사는 일상 사태에 대한 자신의 생각과 반응을 기록하기 위하여 일지를 작성합니다. 학급에서 일어나는 사태를 기록함으로써 교사는 차분하게 이 사태에 대해 재평가하고, 방과 후에 가정에서 일어날 수도 있는 문제에 대한 해결책을 떠올릴 수 있습니다. 또한 수업일지를 통하여 신규 교사는 사고와 문제해결 능력이 성장해 나가는 과정을 기록할 수 있습니다.

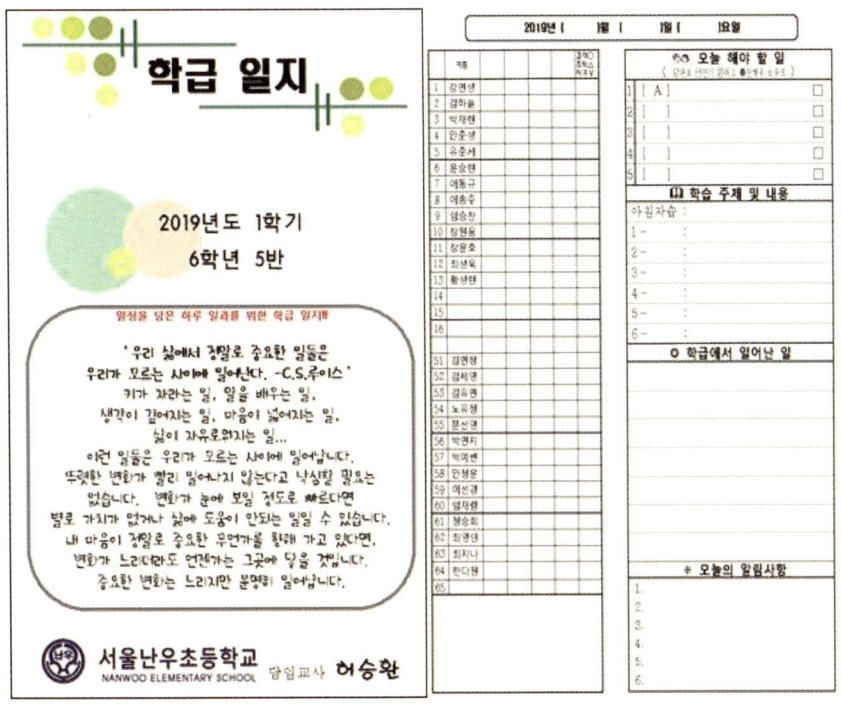

수업일지(또는 학급일지)는 교실에서 가장 쉽게 기록을 할 수 있는 양식으로 이루어져 있습니다. 간단히 출석 및 지각, 그리고 숙제와 준비물, 수행평가 등을 표시할 수 있고, 그날 해야 할 업무를 우선순위대로 적어두고 처리할 수 있습니다.

아울러 그날 수업 준비와 학급에서 일어난 일들을 그때그때 기록함으로써 보다 학생들을 한명 한명 예민하게 관찰하여 가까이 다가갈 수 있도록 해줍니다.

게다가 '학급에서 일어난 일'들을 수업일지에 관찰한 대로 잘 적어두면 유용한 상담 자료가 될 수 있습니다. 저 같은 경우는 뒷면에 수업을 설계하는 간단한 아웃라인을 적어두는 편입니다. 간단히 도입 - 전개 - 정리 단계로 나누고, 핵심발문을 정리하면 큰 도움이 됩니다.

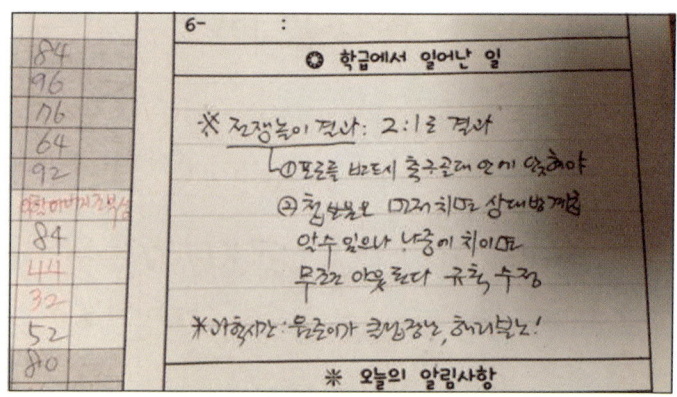

② 수업 포트폴리오

수업 포트폴리오는 교사의 전문적 성장과 계발의 기록을 제공하는 각종 자료(비디오, 시험, 수업계획, 학생의 결과물, 동료교사의 수업자료)로 구성됩니다.

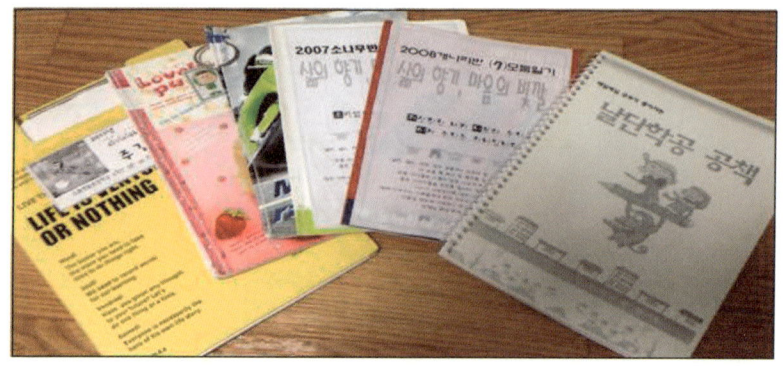

교사는 자신의 포트폴리오에 포함하기 원하는 항목을 선택할 수 있습니다. 그것은 특별한 항목을 포함하기 원하는 이유와 그들이 여러분과 여러분의 수업에 대해 말하는 것을 스스로 정당화하려는 것입니다.

교사의 포트폴리오 재검토는 교사가 자신의 수업을 반성하게 하고, 변화가 필요하게 하고, 자신들이 잘하는 부분을 인식하게 합니다. 수업 포트폴리오는 촬영해 디지털화하거나 출력물의 형태가 될 수 있습니다.

③ 수업 일기

'수업이 바뀌면 학교가 바뀐다'의 저자 사토 마나부 교수님은 '교실을 열지 않는 교사에게 희망이란 없다.'라고 했습니다. 교실을 여는 방법은 다양합니다. 그 중의 하나는 간단히 그날의 수업을 1교시부터 정리하면 일기로 정리하는 방법입니다. 특히 '학습 목표'를 함께 적어 과연 학습 목표에 부합되는 수업을 했는지 돌아보고, 그때 아이들의 반응을 관찰하여 적도록 하는 것이 좋습니다.

〈2012년 2월8일 금요일: 추억의 롤링페이퍼 선물〉

"설 명절, 가족들과 행복하게 보내렴~^^ 채영이도, 동훈이도 이미 멀리 설 명절 때문에 체험학습을 신청하고 교실을 비워서 교실이 많이 쓸쓸한 날이었단다. 가장 멀리 전남 강진까지 가야하는 상헌이도 잘 다녀오길 바란다. 몸이 아파 하루 종일 누워있던 용수도 토요일 출발한다는데 건강하게 다녀오길 바라~ 17명의 아이들이 이번 구정 설에 할아버지, 할머니 계신 곳으로 떠난다고 했지? 이번 설 명절엔 세뱃돈도 많이 받고, 무엇보다 두 가지 약속!"

① 여자들만 힘들지 않도록 엄마 많이 도와드리기, 그리고 엄마에게 "많이 힘드시죠? 제가 도와드릴게요."라고 말하기
② 친척 어른들과 모이는데, 모여서 휴대전화로 게임만 하지 않기

〈아침자습〉

주간플래너를 작성했다. 아침자습이 두줄쓰기와 주간플래너 뿐인데, 원준이가 주간플래너를 잃어버렸다. 이번 주 들어 두 번째, 플래너를 보관하는 황색 파일이 없으니 대충 책상 속에 구겨 넣다가 벌어진 일이다. 확인해보니, 승민이와 원준이 둘이 계속 그렇다.
강수진의 발 사진을 보여주며, 이야기를 꺼냈다.
"사람들은 기똥찬 성공 비결을 듣고 싶어 하지만 나한텐 그런 게 없어요. 사실 지루한 반복처럼 보일 겁니다. 나는 내일을 믿지 않아요. 오늘 하루, 똑같은 일과를 되풀이하면서도 조금 발전했다고 느끼면 만족해요." 슈투트가르트 수석 발레리나인 강수진님의 말입니다. 1985년 동양인 최초로 스위스 로잔 발레 콩쿠르에서 우승하며 세계에 이름을 알렸던 그녀. 한 사람의 삶은 그 사람의 습관 덩어리라고 했습니다. "아이들을 특징짓는 것들, 그것은 아이의 습관 덩어리라고 따라 읽고, 현우는 마술을 잘하고, 민규는 책을 많이 읽고, 영진이는 노래를 잘하는 아이인 이유가 바로 매일 반복하는 '습관'때문이라고 칭찬했다. 플래너는 그런 습관을 돕는 가장 좋은 방법, 짧은 간격에 성공경험을 하도록 돕는 방법이라고……. 오늘 스스로 매긴 생활점수가 100점인 아이는 10명, 90점인 아이는 11명이었다. 27명중 21명

이 90점 이상으로 올라왔다. 아이들에게 왜 이렇게 학기 초 40점, 50점에서 생활점수가 올랐을까요? 라고 되물었다. 몇 몇 아이들이 "우리가 노력해서, 잘해서"라고 대답했다. 그것도 맞지만 한가지 이유가 더 있다고 이야기 했다. 바로 '이룰만한 목표를 세워서'라고…처음에는 허황된 목표를 세우다 이제는 승민이가 100점을 받는 이유는 '내가 이룰 만한 목표'로 수정해서 라고…….

〈1교시: 졸업앨범 배부 및 확인〉

1교시 아침에 졸업앨범이 배부되었다. 깔끔하고 예쁜 사진들이 지금까지 본 가장 멋진 졸업앨범이었다. 아이들은 평범한 자세나 V자 포즈로 대개 평범하기 이를 데 없는데, 그중에 살짝 안경을 오른손으로 잡은 민경이 사진과 두 손으로 메아리를 외치는 듯한 다인이 사진이 뷰이었다.

〈2교시: 영어 교과전담〉

〈3교시: 과학 교과전담〉

〈4교시: 롤링페이퍼 추억의 선물 작성하기〉

원래 '등에 쓴 롤링페이퍼' 심성놀이를 하려고 했는데, 결석한 아이들이 있어서 다음 주 수요일에 하기로 했다. 오늘은 칼라 프린터기로 뽑아온 롤링페이퍼 2쪽 자료를 나누어주고, 자기 이름을 쓴 후에 책상 위에 올려놓게 했다. 시작하기 전에, 어제 만든 게시판의 졸업복장 편지들을 읽어주며 어떻게 써야할지 이야기 나누었다. 이런 편지를 읽으면 부모님 마음은 어떨까요? 라고 되물었다. 아이들 중에서 기분이 나쁠 거라고 생각하는 아이가 글 쓴 아이까지 포함해 전원이었다. 부모님 보시기 전에 다시 쓰기로 약속했다. 이번에는 대경이 글을 읽어주었다. 내가 엄마, 아빠라도 정말 기분좋을 거라고 대답했다. 마찬가지다. 롤링페이퍼를 작성할 때도 식상하고 뻔한 표현으로 '그동안 즐거웠다.', '중학교때 잘 지내라'가 아니라 어떤 표현이 즐거운지 원준이에게 되물었다. 며칠 전 규민이가 "첫인상은 놀기 좋아하는 나쁜 아이인줄 알고 옆에 가지 않았는데, 지내보니 이렇게 착하고 좋은 아이인걸 몰랐어."라고 썼을 때 정말 기분 좋았다고 원준이가 이야기했다. 그런 마음으로 롤링페이퍼에 글을 써달라고 했다. 내 것도 올려놓고, 결석한 채영이와 동훈이 것도 아이들 부탁으로 책상위에 올려두고 시작했다. 한명 한명 일 년의 추억을 되살리며 글을 남겨주었다. 점심시간이 시작되었지만, 5분이 더 지나도록 열심히 썼다. 아이들의 롤링페이퍼 학습지를 걷어 수요일에 코팅해 졸업앨범 속에 되돌려줄 계획이다. 친구들이 준 이 추억의 선물을 평생 보관했으면 좋겠다. 다인이는 걷어놓은 롤링페이퍼 중에 써주지 않은 아이를 찾아내 한 명 한 명 다 써주고, 자기 것에 써주지 않은 아이도 찾아내어 빼곡하게 글을 받았다. 기특할 뿐이다.

이제는 같은 초등학교 교사가 된 옛 6학년 제자가 몇 년 전 스승의 날 제게 보내온 사진입니다. 선생님을 따라 매일 수업일기를 쓰며 노력하고 있다고, 저 잘하고 있죠? 라고 물어왔을 때 제가 얼마나 행복했을지 짐작이 되시나요?

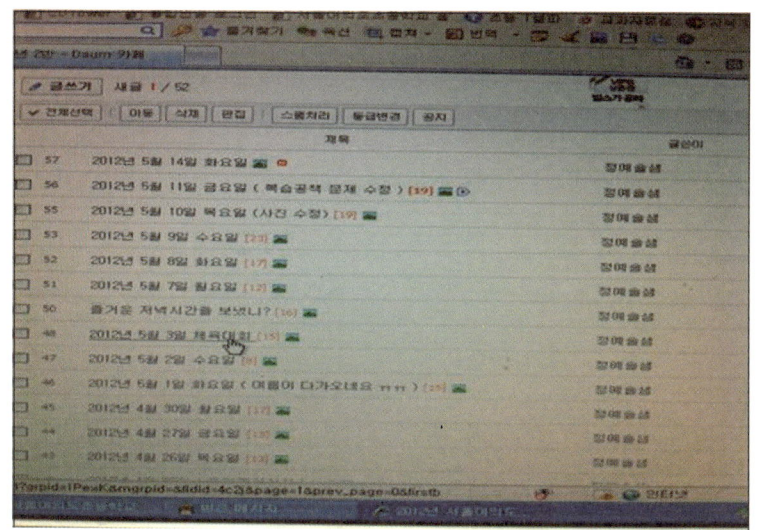

'적자생존' 적는 자만이 살아남는다는 말도 있습니다. 기억을 더듬어 좋은 교사가 된 분을 본 적이 없습니다. 기록은 기억을 지배합니다. 제가 알고 있는 좋은 선생님은 모두 기록하고 있었고, 기록하고 있는 선생님 중에서 아이들과의 관계가 안 좋은 선생님을 뵌 적도 없습니다.

(2) 교사를 전문가답게 만드는 일 - '지성의 모둠'을 통한 공유

쿠퍼(Cooper)는 '수업전문성'이란 저서에서 교사를 성장시키는 가장 중요한 반성적 도구로 '동료'를 꼽았습니다. 반성은 여러분이 다른 사람의 시각을 취하고, 새로운 아이디어를 얻기 위해 멘토나 동료 교사와 함께 할 때 더 수월합니다. 다른 교사에게 자신의 수업을 드러냄으로써, 우리는 자신의 생각을 명백하게 하고, 더욱 발전하게 됩니다.

가능하다면 동료를 관찰하세요. 동료 교사들을 관찰하는 것은 우리에게 새로운 아이디어를 열어줄 뿐만 아니라 실천에 대한 통찰을 제공할 수 있습니다.

존 듀이는 〈민주주의와 교육〉에서 전문가 집단에게 반드시 필요한 것이 '지성의 모둠'이라고 했습니다. **관심있는 소모임을 통한 끊임없는 연수가 바로 전문가의 대표적인 특징입니다.** 의사 집단을 예로 들면 아무리 바쁘더라도 필수적인 워크숍 모임을 가지고 합리적인 비판을 통해 전문가적 역량을 높입니다. 사회에서 전문가라고 불리는 직업 중에서 이런 소모임이 필수적인 직업이 아닌 것을 찾기 어렵습니다.

OECD 회원국 성인들 얼마나 공부하나

구분	참여율 (%)	성인 1인당 연간 교육시간	연간 노동시간
스웨덴	69	50	1611
핀란드	51	48	1672
노르웨이	51	39	1408
독일	43	33	1390
영국	40	16	1646
프랑스	32	11	1558
한국	26(2012년 33.1%)	35	2243
OECD 평균	34	25	1710

자료:OECD 교육지표2011. 비형식교육 기준(비학위 과정 및 강좌·학습동아리 포함). 나라별로 2005~2008년. 노동시간은 2009년.

얼마 전 OECD 회원국 성인들이 얼마나 공부하는지 참여율이 뉴스에 나왔습니다. 스웨덴, 핀란드, 노르웨이 등 대부분의 북유럽 국가들은 성인들 절반이 스스로 공부 모임을 유지하고 있었습니다. 그에 비해 한국의 성인 참여율은 26%에 불과했습니다.

2018년 온라인 전문적 학습공동체로 '6학년 선생님' 밴드를 만들어 5300명의 선생님들과 어떻게 수업을 할지, 생활지도는 어떻게 할지 생각을 나누었습니다.

오프라인 전문적 학습공동체로는 '수업놀이 연구모임 놀이위키'를 만들어 전국 30명의 선생님과 매달 2주마다 모여 진도를 나가며 할 수 있는 수업놀이를 연구하고 서로 나누었습니다.

　교사간의 소모임 활동을 통해 개인의 '기록'이 공유되어야 합니다. 혼자서만 기록하는 습관은 자칫 아집과 편견에 사로잡힐 수 있습니다. 기록이 일반성과 보편성을 얻으려면, '공유'의 과정이 반드시 뒤따라야 합니다.
　아무쪼록 '기록'과 '소모임'을 통해 우리 시대의 교사가 전문가로 다시 서기를 원합니다. 그럴 때 대한민국 교육은 희망이 있습니다.

　"교사는 누군가를 이끌어 주는 사람이다. 여기엔 마법이 있을 수 없습니다. 나는 물 위를 걸을 수 없으며 바다를 가를 수도 없다. 다만 아이들을 사랑할 뿐이다."

　제인 블루스틴의 '내 안의 빛나는 1%를 믿어준 사람'에 나오는 한 구절입니다. 새로 만나게 될 아이들에게는 "잘못했어요."라는 말을 들으려 애쓰는 대신 어른들의 따뜻함을 보여주면 좋겠습니다. 아이들이 자신에게 실망하지 않는 사람이 있다는 걸 보여주면 좋겠습니다. 잔인성이 지배하는 이 세상에서 친절함과 이해, 존중을 보여준다면, 이제 아이의 앞날과 자의식은 전혀 다른 길을 가게 될 것입니다. 아이들을 맡아 보관하는 교사가 아니라 진심으로 아이들의 삶에 관심을 가지는 교사가 되어 함께 배움을 나눌 수 있기를 바라며 선생님을 응원합니다.

참고문헌

- 이오덕, 〈이오덕의 글쓰기〉, 양철북, 2017
- 이호철, 〈이호철의 갈래별 글쓰기 교육〉, 보리, 2015
- 김영주, 〈아이들 삶을 가꾸는 이야기 수업〉, 우리교육, 2009
- 허용진 외, 〈교육용 보드게임 사용 설명서〉, 좋은땅, 2018
- 한혜원, 〈아이의 마음을 훔치는 스토리텔링 전략〉, RH코리아, 2012
- 허승환, 〈아이의 마음을 치유하는 토닥토닥 심성놀이〉, 즐거운학교, 2012
- 한형식, 〈모두가 참여하는 수업에는 법칙이 있다〉, 즐거운학교, 2015
- 허승환, 〈어린이를 위한 허쌤의 공책레시피〉, 즐거운학교, 2014
- 김규민, 〈100만 좋아요를 부르는 카드뉴스 만들기〉, e비즈북스, 2017
- 이윤정 외, 〈카드뉴스, 세상을 읽는 새로운 방식〉, 미래의창, 2016
- 조은하, 〈디지털 리터러시〉, 한국학술정보, 2008
- 백종원, 〈백종원이 추천하는 집밥 메뉴 55〉, 서울문화사, 2017
- 안병수, 〈과자, 내 아이를 해치는 달콤한 유혹 1〉, 국일미디어, 2005
- 정희재, 〈과자 마녀를 조심해〉, 책읽는곰, 2010
- 세바스티안 라이트너, 〈공부의 비결〉, 들녘, 2016
- 한형식, 〈수업 사례로 배우는 수업기술의 법칙〉, 즐거운학교, 2010
- 기시미 이치로, 〈미움받을 용기〉, 인플루엔셜, 2014
- 토드 휘태커, 〈훌륭한 교사는 무엇이 다른가〉, 지식의날개, 2015

- Donna Walker Tileston, 〈좋은 수업의 실제 10가지 전략〉, 시그마프레스, 2007
- 고영성 외, 〈완벽한 공부법〉, 로크미디어, 2017
- 제인 블루스틴, 〈내 안의 빛나는 1%를 믿어준 사람〉, 푸른숲, 2013
- 박점희, 〈보드게임 교육과 만나다〉, 애플북스, 2018
- 우치갑 〈비주얼씽킹수업〉, 디자인펌킨, 2015
- 무꼬야마 요이치, 〈교육기술 입문〉, 즐거운학교, 2013
- 한형식, 〈수업기술의 정석 모색〉, 교육과학사, 2008
- 김판수 외, 〈메타인지와 말하는 공부〉, 패러다임북, 2017
- 윤태황, 〈잠들어 있는 공부 능력을 깨워라〉, 북랩, 2016
- 김진욱, 〈가상현실과 증강현실〉, 뭉치, 2017
- 기시미 이치로, 〈아들러 심리학을 읽는 밤〉, 살림출판사, 2015
- 허승환, 〈허쌤의 학급경영 코칭〉, 즐거운학교, 2015
- 정유진, 〈학급운영 시스템〉, 에듀니티, 2015
- 김혁동 외, 〈교사 학습공동체〉, 즐거운학교, 2017
- 오욱환, 〈교사 전문성〉, 교육과학사, 2018